기획력

기획력

아이디어를 현실로, 성공을 설계하다

정일석 지음

글을 시작하며

: 익숙함에 머물지 않고, 미지의 가능성에 도전하는 모두에게

개개인의 삶은 그 자체가 하나의 서사입니다. 같은 사건도 각자의 경험과 시각에 따라 다르게 해석되듯, 상품기획 또한 정답이 없는 여정입니다.

지난 25년간 상품기획자로 일하며 수많은 도전과 성취를 경험했습니다. 패기와 열정이 앞섰던 시절, 내가 고안한 아이디어를 상사가 받아들이지 않으면 원망하기도 했습니다. 그러나 시간이 지나면서 깨달았습니다. 고객을 이해하고, 시장을 분석하며, 기술과 트렌드를 읽어내는 것이야말로 성공적인 상품기획의 핵심이라는 것을.

미국, 유럽, 아시아 여러 국가를 돌며 매장과 가정을 방문하고 고객을 인터뷰하며 그들의 삶을 관찰했습니다. 베스트바이, 월마트, 코스트코 등의 바이어들에게 우리 제품을 소개하고, 협상하며 시장의 흐름을 배웠습니다. 때로는 좌절을 겪었지만 이 모든 과정이 상품기획자로서의 시야를 넓히는 촉매제가 되었습니다.

선행기획팀장으로서 10년 뒤의 홈 엔터테인먼트 시장을 고민하며 '미래 TV' 비전을 구상하기도 했습니다. 하지만 한 가지 변하지 않는 진

리가 있었습니다.

'나는 여전히 배울 것이 많고, 세상은 끊임없이 변화한다.'

이 책을 쓰면서 고민했습니다. 업계에서 대단한 업적을 남긴 것도, 사회적으로 유명한 것도 아니지만, 왜 내 경험을 공유하고 싶은 걸까?

그것은 저의 고민과 시행착오가 누군가에게 작은 영감을 줄 수 있기를 바라는 마음 때문입니다. 완벽한 정답을 제시할 순 없지만, 적어도 "어? 이건 새롭네, 흥미롭다"라고 느끼는 순간이 있다면 이 글을 쓴 보람이 있을 것입니다.

기획자는 수많은 정보 속에서 잡음을 걸러내고, 본질을 꿰뚫는 통찰력을 길러야 합니다. 나의 '홈 엔터테인먼트'는 원시 시대 사람들이 모닥불 주위에 옹기종기 둘러앉아 사냥 이야기와 삶의 지혜를 나누던 순간과 같습니다. 불을 바라보는 것처럼 편안함과 만족감을 주는 것, 그것이 진정한 엔터테인먼트라고 믿습니다. 그리고 상품기획 역시 사람들과의 소통 속에서 더 큰 가치를 창출할 것입니다.

오늘날 우리는 각자의 스크린으로 개별적인 경험을 소비하는 시대에 살고 있습니다. 혼자보다 둘이, 둘보다는 여럿이 함께하는 것이 더 즐거움에도 불구하고 이제는 자연스럽게 나만의 디바이스를 통해 콘텐츠를 즐깁니다. 하지만 '**스탠바이미**'는 이러한 변화 속에서도 **함께 보는 즐거움과 스크린 그 이상의 가치를 창출하기 위해 탄생**했습니다. 단순한 디스플레이를 넘어, 사람들이 함께 모여 공감하고 각자의 스크린 경험을 나눌 수 있도록 돕는 제품이었습니다.

'DVD 플레이어'로 시작된 홈 엔터테인먼트 여정은 '블루레이 디스크 플레이어', '홈시어터', '웹오에스(webOS) 스마트 TV', 'OLED TV'를 거쳐 이제 '라이프스타일 스크린'이라는 새로운 길로 나아가고 있습니다. 쉼 없이 변화하고 발전하는 과정 속에서 나는 잠시 걸음을 멈추고 지나온 발자국을 바라보았습니다. 그리고 확신했습니다.

"완벽하지 않아도 괜찮다, 내가 걸어온 길이 의미있는 역사로 남으려면 끊임없이 성찰하고 변화해야 한다."

이 책이 새로운 제품과 서비스를 기획하는 독자들에게 하나의 작은 나침반이 되기를 바랍니다. 딱딱한 이론이 아닌, 생생한 사례를 통해 스스로 고민하고 답을 찾아가는 과정에서 여러분의 안목과 통찰력이 더욱 단단해지길 응원합니다.

글을 시작하며

차례

- **4** 글을 시작하며
- **10** 들어가는 글

19 제 1장 기회발굴

- **20** 1 고객   어! 이게 아닌데?
- **29** 2 시장   실리콘밸리에서 삼시세끼
- **37** 3 기술   최상의 상품을 위한 최적의 기술을 찾아서

47 제 2장 상품 컨셉 구체화

- **49** 1 아이디어 스파크 찾기
- **52**   1-1. 나이키의 경쟁자는 OO이다
- **55**   1-2. 숨어있는 적을 찾아라
- **58**   1-3. 네가 왜 거기서 나와?
- **61**   1-4. 원샷, 원킬 한방에 끝내기
- **65**   1-5. 감성과 이성의 만남
- **73**   1-6. 트렌드와 유행은 평등하지 않다
- **76** 2 아이디어 첫걸음 떼기
- **77**   2-1. 상상에서 현실로
- **82**   2-2. 무엇부터 손댈까?
- **86** 3 아이디어 갓 탤런트

91	**제 3장 상품화 확정**	
93	1	마음의 문을 여는 공감의 기술
99	2	신제품 수요 예측의 예술
107	**제 4장 상품화 개발**	
110	1	'품질'과 '비용'에서 읽는 가치 판단
115	2	'품질'과 '일정'에서 찾아낸 최소 기능 제품
121	3	'비용'과 '일정'에서 '적기출시'가 중요한 이유
125	**제 5장 상품 적확도 검증**	
135	**제 6장 고객 경험 디자인**	
138	1	고객 만족은 왜 중요한가?
143	2	고객 경험과 고객 만족에 기반한 성공과 실패
148	3	고객 경험 디자인의 기본 : UI - UX - CX
157	4	고객 경험 여정 설계하기
164	5	디즈니가 추구하는 최고의 고객 경험
171	6	고객 경험 디자인, 미래의 경쟁력을 결정짓다
174		글을 마치며
202		부록 : 기획자를 위한 10가지 조언

들어가는 글

: 현장 전문가의 실전 사례로 배우는 상품기획의 시작과 끝

   직장 생활이나 스타트업 창업 과정에서 혁신적인 기술과 아이디어로 히트상품을 기획하는 것은 많은 이의 꿈이지만 실제로는 예상치 못한 도전과 역량 부족에 직면하는 경우가 흔합니다. 이런 상황에서 우리는 경영 서적을 뒤적이고 창의적인 아이디어 발상법을 찾으며, 주변 선배와 동료들로부터 조언을 얻어 문제를 해결하려 노력합니다. 이 책에 나오는 성공 및 실패 사례들은 저자가 직접 경험하고 관찰한 것들로 기획의 근본적인 철학과 원칙을 이해하는 데 도움이 되겠습니다. 먼저 상품기획의 성공으로 사업의 턴어라운드와 강력한 브랜드 구축 및 성장의 발판을 마련한 사례를 통해 기획의 중요성을 살펴보겠습니다.

   스마트폰과 더불어 지금 이 순간에도 문서작업, 웹 검색, 유튜브 시청 등 다양하게 활용되고 있는 노트북! 2013년, 삼성, 애플, 소니 대비 낮은 시장 점유율로 LG는 '철수할 건지, 사업을 유지할 건지' 중대한 갈림길에 섰습니다. 이 시점에 단순히 시장에 존재하는 것이 아닌 혁신을 통해 변화를 주도하기로 결정을 내립니다. 이러한 결정이 '그램' 노트북의 탄생으로 이어졌습니다. 혁신 제품으로 탈바꿈한 LG 노트북 '그램'은 다

양한 사용자의 마음을 사로잡으며 젊은 대학생뿐만 아니라 MZ세대를 넘어 모두가 애용하는 제품으로 자리매김하게 됩니다.

13인치 980그램이라는 초경량 노트북이 히트 제품이 되면서 사업전환의 돌파구를 마련하고 '그램'이라는 브랜드 입지를 확고히 다지게 되었습니다. 이는 상품기획자 입장에서 보면 컨셉 기획, 요소 기술과 디자인 혁신, 생산, 판매 등 가치 사슬 내 모든 핵심요소가 톱니바퀴처럼 완벽하게 조화를 이룬 사례라 볼 수 있습니다.

[그림 1. 2014년 그램 PC (출처: LG전자 홈페이지)]

'그램'의 상품기획 과정을 들여다보면 노트북을 직접 들고 대중교통을 이용하는 국내 고객 특성을 고려하여 '가볍게 휴대할 수 있음'을 핵심 가치로 선정합니다. 이후 '휴대성'을 기능적 사양인 무게로 해석하고 경량 소재 및 부품 개발, 사용빈도가 적은 버튼의 제거, 시각적으로 가벼워 보이는 디자인을 채용합니다. '가벼운 게 좋다'는 것을 모두가 알고 있지만 실행하지 못했던 그 길을 각 부문이 치열하게 목표를 설정하고, 해결책을 찾아 노트북 경쟁 요소 중 휴대성의 핵심 가치를 선점하였습니다.

이처럼 우리 주변에서 접할 수 있는 성공사례를 볼 때 마다 '과연 성공한 상품기획을 위해서 무엇을 어디서부터 시작해야 하는가'라는 질문이 자연스럽게 떠오릅니다. 이 글에서는 성공한 기획을 위한 여정을 살펴보고, 함께 고민하고자 합니다.

그 출발선에서 먼저 기획이라는 단어를 떠올려 봅니다. 사업기획, 서비스기획, 상품기획, 경험기획 등 직장생활을 하면서 숱하게 접하고 무의식 중에 사용하는 단어가 기획이 아닐까 생각됩니다. 그렇다면 우리는 이 단어를 한마디로 어떻게 정의할 수 있을까요?

국립국어원에 따르면 **기획**(企劃, Planning)**이란 '일을 꾀하여 계획함'**으로 정의됩니다. 즉, 특정 **대상에 변화를 가져올 목적을 확인하고, 그 목적을 성취하기 위하여 가장 적합한 행동을 설계하는 것**이라고 부연 설명하였습니다. 이러한 사전적 정의만 보면 기획이 단순히 '계획을 잘 세우는 것'으로 오해할 수 있습니다. 그러나 기획의 핵심은 아이디어를 실행 가능하게 실현하는 것입니다.

앞서 살펴본 '그램'에서 보듯이 기획의 가치는 컨셉 수립 이후 실제 개발로 이어질 때 실현됩니다. 이를 **'완결형 기획'**이라 정의하며, 이는 다음과 같은 과정을 포함합니다.

첫째, 목표 설정입니다. 해결해야 할 문제와 목표를 명확히 설정합니다.

둘째, 논리적 구조화입니다. 목표가 이해관계자(Stakeholder)에게 효과적으로 전달될 수 있도록 기획을 논리적으로 정리합니다.

셋째, 설득과 조율입니다. 이해관계자를 설득하고 협업을 통해 실행 가능성을 확보합니다.

마지막으로, 실행과 검증입니다. 최종적으로 실행에 옮기고 그 결과를 검토하여 지속적으로 개선을 진행합니다.

요약하면 기획은 단순히 계획수립을 넘어서 **"목적(일의 배경과 목표) - 의사결정자(설득 대상) - 'Go/No-Go'(의사결정) - 실행"**으로 이어지는 일련의 프로세스입니다.

상품기획의 정의를 살펴보기 전에, 우리가 일상에서 혼용하여 사용하는 '제품'과 '상품'의 차이를 먼저 이해할 필요가 있습니다. 이 두 용어는 마케팅과 경제학적 관점에서 각각 구별되는 개념입니다

먼저 제품(Product)는 고객의 필요나 욕구를 충족시키기 위해 만들어진 물건이나 서비스를 의미합니다. 물리적인 제품은 그 자체로 기능, 디자인, 성능을 가지고 있습니다. 흔히 우리가 고객에게 가치를 전달하는 마케팅의 대상이 되는 것이 제품(Product)입니다. 반면 상품(Good)은 경제학적 개념으로써 시장에서 거래될 수 있는 모든 형태의 물건이나 서비스를 지칭합니다. 이렇듯 상품은 거래 대상이기에 경제적인 가치가 있어야 하며 상품이 되기 위해서는 제품이 시장의 수요를 충족시키고 판매될 수 있는 상태가 되어야 합니다. 그런데 현업에서는 제품기획이 아닌 상품기획이라는 용어를 사용하는 데 이는 모든 제품이 시장에서 거래가 되어 궁극적으로 판매가 이뤄져야 된다는 전제를 가지고 기획을 진행하기 때문입니다.

따라서 **상품기획이란, 변화의 대상으로 '상품'을 설정하고, 이를 점진적인 혁신을 통해 개선하거나 완전히 새로운 혁신을 도입하여 신제품을 기획하고 출**

시하는 과정이라 정의할 수 있습니다. 특히 신제품 개발은 기존 제품의 매출이 정체된 상황에서 기업이 성장을 지속하기 위한 핵심 전략으로, 최고 경영진의 주요 관심사가 됩니다. 기업이 매출 성장을 달성하기 위해 활용할 수 있는 방법에는 **신기능 구현, 제품 혁신, 신시장 개척, 고객 기반 확대, 판매 가격 상승** 등이 있습니다.

이 중에서 제품과 시장의 상호작용을 분석함으로써 어떤 접근법이 효과적인지 살펴볼 필요가 있습니다. 이에 대한 구체적인 이유는 [그림 2]에서 확인할 수 있습니다.

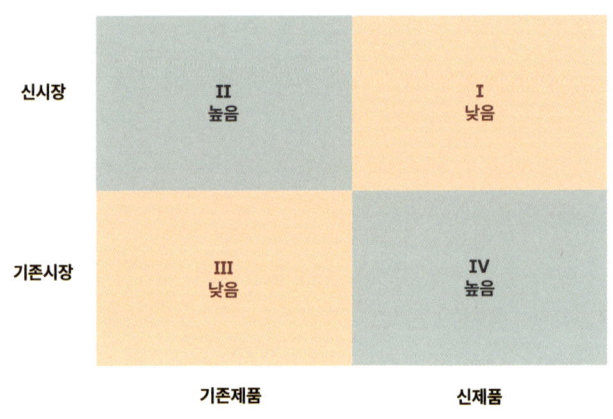

[그림 2. 유형별 사업아이템의 성공가능성]

고객만족을 주는 신제품을 개발하여 수요가 있는 기존 시장에 출시하거나(IV), 기존 제품을 개선하여 아직 고객 니즈가 충족되지 않은 새로운 시장에 진출합니다(II). 위 2가지 접근법은 기존 제품을 기존 시장에서 지속적으로 운영하거나(III), 혁신적인 신제품을 불확실성이 높은 신시장에 출시하는 것(I)보다 성공의 확률이 높습니다. 그렇기 때문에 개선과 혁신은 상품기획에서 가장 많이 언급되는 단어입니다.

상품기획의 본질은 기존 상품의 개선하거나 새로운 아이디어를 바탕으로 신제품을 개발하여 고객 만족을 높이고, 이를 통해 매출을 창출하여 궁극적으로 사업 성장에 기여하는 것입니다.

그렇다면, 탁월한 상품기획을 수행하려면 어떤 접근법이 필요할까요? 우리가 새로운 문제에 마주쳤을 때 각자 해결하는 본인만의 노하우가 있듯이 상품기획을 효과적으로 수행하기 위해서는 **기획자만의 문제해결 프레임워크**를 갖추는 것이 중요합니다. 저자는 25년간 산업 현장에서 하드웨어 제품과 소프트웨어 서비스를 두루 거치며 실무 경험을 쌓아왔으며 이를 바탕으로 아래와 같은 프레임워크를 수립하였습니다.

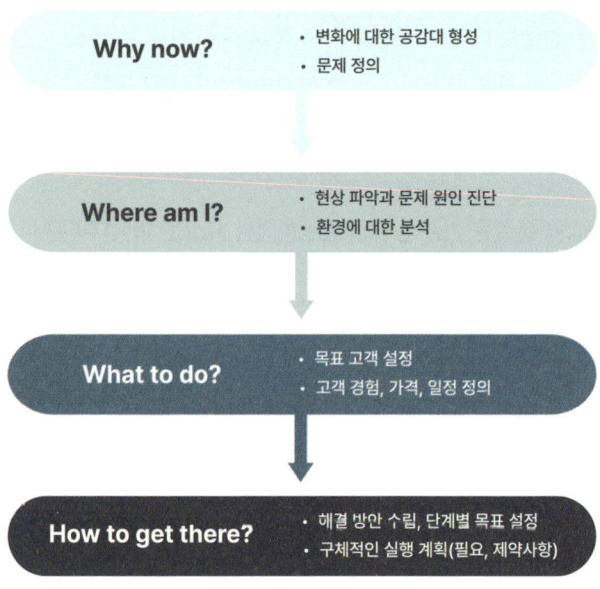

[그림 3. 기획자를 위한 문제해결 프레임워크]

　새로운 과제를 시작하기 전에 구성원들과 함께 가장 먼저 공감해야 할 질문은 **"왜 하는가?"**입니다. 위기에 대한 인식과 공유는 업무를 시작하는 첫 단추가 되어야 합니다. 앞서 '그램 PC'가 그러했고, 이어서 살펴볼 '스탠바이미' 사례도 이러한 과정의 중요성을 보여줍니다.
　'변해야 한다'는 절박함과 공감대가 형성되었다면 다음으로 해야 할 일은 '현재 우리의 위치와 경쟁력', 그리고 '시장 및 경쟁 환경'을 객관적으로 분석하는 것입니다. **자기 객관화**가 이루어질 때 비로소 새로운 것을 받아들일 준비가 됩니다. 매출 정체, 젊은 세대의 TV에 대한 무관심, 중국 브랜드의 공세 등 여러 도전 과제가 있었고, 이를 해결하기 위한 전략적 대응의 필요성이 '스탠바이미'를 탄생시켰습니다.

문제의 원인을 정확히 파악한 후 **'무엇을 할 것인가'**에 대한 답을 찾아야 합니다. 이는 우리가 추구하는 **제품 전략을 수립**하는 과정이며 누구를 대상으로, 어떤 제품과 서비스를 기획할 것인지, 그리고 어떤 경험을 설계할 것인지를 정의하는 단계입니다. '그램 PC'는 이동이 잦은 회사원과 학생들에게 탁월한 휴대성을 제공하는 것이 목표였습니다. '스탠바이미'는 젊은 세대에게 노트북과 태블릿 보다 크고 더 나은 엔터테인먼트 경험을 선사하는 스크린이 되고자 했습니다.

마지막은 우리에게 익숙한 **실행 과정**이 남아 있습니다. 앞서 명확한 목표가 설정되었으니 이제는 **'누가, 언제까지, 어떻게 실행할 것인지'**를 구체적으로 수립하여야 합니다. 실행 과정에서는 자원의 제약과 예상 가능한 리스크 요인, 단계별 점검 사항, 리스크 발생 시의 백업 플랜 등을 준비하면 실행 속도를 더욱 높일 수 있습니다.

좋은 이론이 다양한 상황에서도 문제를 구조화하고 예측 가능하게 만드는 도구가 되듯이, 자신만의 문제해결 프레임워크를 수립하면 삶에서도 강력한 도구가 될 것입니다. [그림 3]의 프레임워크를 참고하며 이후 소개할 기획 프로세스를 직접 적용해 봅시다.

[그림 4. 상품기획 단계와 문제해결 프레임워크]

앞으로 다룰 내용은 **"기회 발굴 → 상품 컨셉 구체화 → 상품화 확정 → 상품화 개발 → 상품 적확도 검증"**의 순으로 진행됩니다. 각 단계별 사례를 통해 관련 이론과 원칙을 탐구하며, 실무에서 효과적으로 적용할 수 있는 전략과 방법을 살펴보겠습니다.

제 1장

기회발굴

기회 발굴은 상품기획의 가장 중요한 시작점입니다. 성공적인 기획은 고객의 숨겨진 니즈를 파악하고, 시장의 세분화된 요구를 이해하며 기술 트렌드를 분석하여, 새로운 가능성을 발견하는 데서 시작됩니다. 성공적인 상품기획자는 우연처럼 보이는 기회에서도 인사이트를 찾아 실행 가능한 아이디어로 전환합니다.

1
고객   어! 이게 아닌데?

　유명 기업인의 인스타그램과 인터넷 기사를 통해 터치로 조작되고 배터리가 내장된 '스탠바이미'를 보셨을 겁니다. 기다린 봉처럼 생긴 스탠드에 27인치 터치 스크린이 부착된 스마트 스크린입니다. 특히 최근에는 가정에서 영상 콘텐츠를 시청하는 용도를 넘어서 전시회 및 백화점, 심지어 병원에서도 제품과 서비스를 소개하는 전자 보드로 활용되고 있습니다. 이처럼 완전히 새로운 형태를 가지고 있으며 TV도 태블릿도 아닌 제품은 어떻게 탄생했을까요?

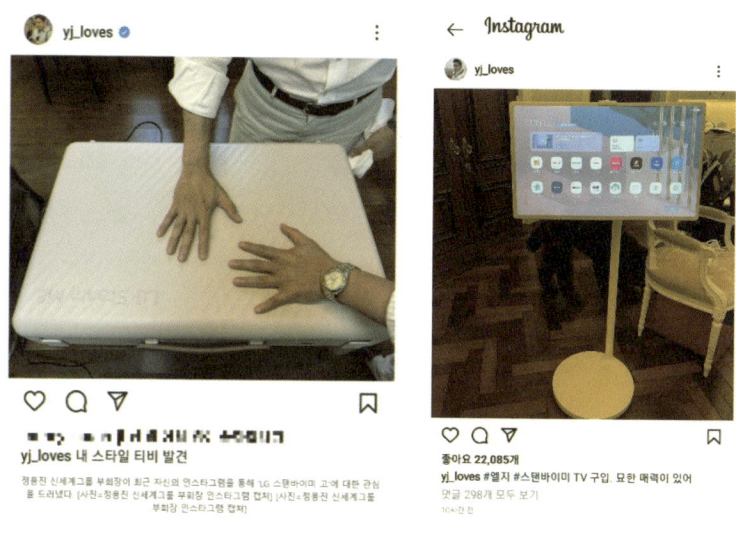

[그림 1. LG '스탠바이미고'(좌), '스탠바이미'(우) (출처: 인스타그램)]

　DX(Digital Transformation), 생성형 AI 등 최신 기술이 하루가 다르게 등장하는 현 시점에 기업 경영의 패러다임이 기획방향에도 영향을 미치고 있습니다. 수요보다 공급이 부족한 과거 고도성장 시기에 상품기획은 효율성과 최적화를 추구하는 "Make Product Right(제품을 제대로 만드는 것)"이 중요했습니다. 그에 따라 빠른 추격자 전략에 의거 미국과 일본제품을 모방하여 싸고 튼튼하고, 빨리 만드는 것이 핵심 경쟁력이었습니다. 한편 지금처럼 공급이 넘쳐나는 풍요의 시대에는 제품을 바라보는 관점이 변합니다. 현대 소비 시장에서는 고객 개성과 취향을 존중

하며 개개인의 필요를 충족시키는 "Make Right Product(올바른 제품을 만드는 것)"을 만드는 것이 기획의 핵심으로 자리 잡고 있습니다. 그렇다면 "Right Product"는 어디에서 찾을 수 있을까요? 그 출발점은 **고객에 대한 깊은 이해**입니다. 우리는 'Make Product Right'보다 'Make Right Product'에 더 초점을 맞추는 것이 중요합니다.

상품기획의 첫 시작은 우리가 제공하는 제품 혹은 서비스를 이용하게 될 고객이 누구인지 가설적인 정의로부터 출발합니다. 고객을 정확히 정의함으로써 해당 고객의 잠재적인 니즈와 현재 겪고 있는 페인 포인트(Pain Points; 고객이 경험하는 문제, 불편함 또는 불만을 의미)를 파악할 수 있고, 해결해야 하는 고객의 문제가 발견됩니다. 또한 본인의 니즈를 충족시켜주는 제품이 시중에 없을 때 내안으로 무슨 제품과 서비스를 활용하고 있는지 알 수 있습니다. 글로벌 이커머스 업체 '아마존'은 아래와 같이 5가지 질문에서 그 답을 찾고 있습니다.

① 당신의 고객은 누구입니까?
② 고객의 문제 또는 기회는 무엇입니까?
③ 고객에게 가장 중요한 혜택은 무엇입니까?
④ 고객의 니즈 또는 원하는 바를 어떻게 알 수 있습니까?
⑤ 고객의 경험은 어떤 모습입니까?

'아마존'의 일하는 방식인 '워킹 백워드'는 제품의 명확한 고객가치를 제안하는 신문기사를 먼저 작성한 후 실행으로 연결하는 것이 특징입니다. 일반 기업이 제품과 서비스 출시 후에 판촉과 홍보를 위해 신문기사를 작성하는 것과 반대 개념입니다. 명확한 고객가치 정의를 위해 기획자가 스스로 5가지 질문의 답을 찾고, 한 명의 고객을 상세히 분석함으로써 고객에 대한 이해를 높이는 겁니다.

'아마존 워킹 백워드'는 제품이나 서비스를 사용하는 가상의 고객을 의미하는 '고객 페르소나'(기업의 제품, 서비스를 구매할 가능성이 높은 목표 고객의 유형 또는 고객을 대표하는 '가상의 인물')를 아래와 같은 4가지 구성요소로 정의합니다.

Facts	Pains
목표 고객에 대한 객관적 정보	목표를 달성함에 있어 페인 포인트
주요 고려 사항 • 인구통계학적 요인 • 지리적 요인 • 사회적, 라이프스타일 요인	주요 고려 사항 • 각 Pain에 대한 시급성과 강도 • 각 Pain을 경험하고 있는 고객이 처한 상황 확인 (5W 1H)
Behavior	Goals
고객이 Pain을 극복하고 목표달성 하기 위해 현재 하고 있는 행동	고객은 구체적으로 무엇을 달성 하고자 하는가?
주요 고려 사항 • 이 행동을 함으로써 Pain Points 해결에 얼마나 효과적인가?	주요 고려 사항 • 측정 가능한 수준의 목표 • 각 목표에 대한 이유를 확인

[그림 2. 아마존 워킹 백워드의 고객 분석(출처: 아마존 소개 자료)]

기획의 첫 단계에서 '스탠바이미'의 목표 고객은 누구였을까? 이를 이해하려면 기획 배경에서 타겟 페르소나에 대한 단서를 찾아볼 수 있습니다. 2020년까지 TV 산업은 LCD, OLED 등 신기술 주도로 완만한 성장을 이어갔습니다. 한편 콘텐츠 시장에서는 2010년 전후로 '유튜브', '넷플릭스' 등 온라인 비디오 스트리밍 서비스가 급속도로 성장하면서 실시간 방송 기반의 미디어 소비 패턴이 변화하기 시작했습니다. 특히 스마트폰과 태블릿 등 모바일 기기의 보급이 가속화되면서, 전통적인 TV 산업은 새로운 콘텐츠 소비 행태와 맞물려 지각변동이 일어납니다.

이와 같은 시청 행태의 변화로 인해 젊은 세대에게 TV는 부모세대의 전유물로서 패밀리 디바이스라는 인식이 생겨나고, 소비의 중심으로 떠오른 'MZ세대'는 TV에 관심이 멀어지고 있었습니다. 이는 곧 TV사업의 성장이 정체될 수 있다는 위기의식이 생겨났고, 이를 극복하기 위해 젊은 1인가구에 매력적인 스크린 디바이스를 발굴하는 과제가 탄생하였습니다.

고객 페르소나의 가설적 정의로부터 과제 해결이 시작되었습니다. 목표고객은 경제적으로 독립하여 생활하는 젊은 1인가구로서 트렌디하고 본인의 개성과 취향 표현이 확실한 고객입니다. 고객을 이해하기 위해 인터뷰를 진행하고 고객의 집을 직접 방문하여 관찰을 합니다. 조사 결과 집에서는 태블릿 혹은 노트북을 통해 '유튜브'나 '넷플릭스', '스포티파이'등 미디어 소비를 하고 있었습니다. 작은 공간 때문에 TV는 없고, 침대에서 쉬고, 영상도 시청합니다. 심지어 잠을 자려고 누울 때도 스마트폰 거치대를 이용하여 게임방송을 시청하는 등 미디어와 뗄 수 없는 생활을 하고 있음을 알게 됩니다.

[그림 3. 태블릿(좌)과 스탠바이미(우) 사용행태(출처: LG전자 홈페이지)]

고객 관찰과 인터뷰에서 찾은 인사이트에서 고객가치를 도출하였습니다. '스탠바이미'는 TV를 놓아두는 별도의 장식장이나 테이블이 없어도 어디든 편리하게 설치가 가능합니다. 침대, 소파에서 편안한 자세로 시청할 수 있도록 눈높이를 맞춰 스크린 높낮이와 각도를 자유롭게 조절할 수 있습니다. 고정된 장소를 벗어나 어디 곳이든 사용이 가능하도록 배터리를 내장하여 전원선으로부터 자유로운 혁신적인 제품으로 탄생되었습니다.

여기서 우리는 초기 가설적으로 설정된 고객이 정말 맞는 것인지 의문이 들게 됩니다. 따라서 컨셉 구체화를 위한 단계를 거칠 때마다 지속적인 고객 검증을 실시합니다. 디자인 목업, 프로토타입, 워킹 샘플 등 단계별로 고객 검증을 진행하고, 타겟 고객층의 확장을 고려하여 'MZ세대' 1인가구뿐만 아니라 'X세대', 다인가구 등으로 폭넓게 인터뷰를 진행하게 됩니다. 그런데 고객 검증을 하게 될 때마다 최초 목표로 했던 '영 밀레니얼'세대 보다는 결혼한 '올드 밀레니얼'과 'X세대'가 이 제품에 열광하는 것이었습니다.

이러한 결과는 고객 검증이 거듭될수록 보다 분명하게 드러납니다. 젊은 MZ고객층은 '스탠바이미'를 보고 새로운 제품으로서 신선하지만 스마트폰과 노트북이 더 익숙하고 편안했기에 지불할 만한 가치를 인정하지 않았고 스탠드 디자인 형상이 거슬린다는 평가가 많았습니다.

한편, 가장 열광적인 고객의 반응은 다음과 같았습니다. "나만의 개인용 스크린이 생겼다", "스마트폰과 태블릿은 화면이 작아 영상 시청이 불편했는데 이 제품이 그 문제를 해결해 주었다", "큰 화면과 좋은 사운드 덕분에 '넷플릭스' 영화를 서재나 주방 같은 나만의 공간에서 방해받지 않고 편하게 즐길 수 있어 너무 만족스럽다"고 하였습니다.

고객을 보다 세밀하게 분석해 보면, 20~30평대 아파트에서 거주하면서 30대 이상의 기혼 여성으로, 집안 인테리어에 관심이 많은 소비자가 많았습니다. 특히 이 점은 '스탠바이미'의 제품 디자이너가 밀레니얼 세대의 여성으로서 고객의 취향을 정확히 반영했음을 보여줍니다.

최초 정의한 타겟 고객에 대한 충분한 조사 후 컨셉 개발과 상품화를 진행하였지만 출시 후 이 제품에 열광한 주력 고객층은 초기 예상을 완전히 빗나갔습니다. 그렇다면 이 제품은 초기 고객정의가 잘못된 기획의 오류로 평가해야 할까요? 물론 초기 가설은 틀린 것으로 증명되었지만 가설적인 고객 정의가 없었다면 잠재된 고객 니즈, 현재의 사용행태 등 고객이 현재 가지고 있는 문제점을 파악할 수 없었을 겁니다.

'스탠바이미'의 기획 과정을 돌이켜보면 비록 초기 가설적 목표고객인 젊은 'MZ세대'가 핵심 구매고객은 아니었지만 다른 잠재고객이 열광한 후 점차적으로 최초 기획한 'MZ세대' 1인가구로 고객층을 넓혀간 사례가 바로 이 제품이라고 생각합니다. 이러한 사실은 '22년 당시 조사에서 '스탠바이미'의 보유 고객 중 'MZ세대'가 OLED TV보다 16% 더 많이 차지하는 것에서 알 수 있습니다. 뿐만 아니라 기존에 없던 신제품으로써 2021년 7월 국내 출시 후 6개월 만에 월간 판매량이 1만 대를 돌파하였으며 이제 해외 시장에 진출하고 있습니다.

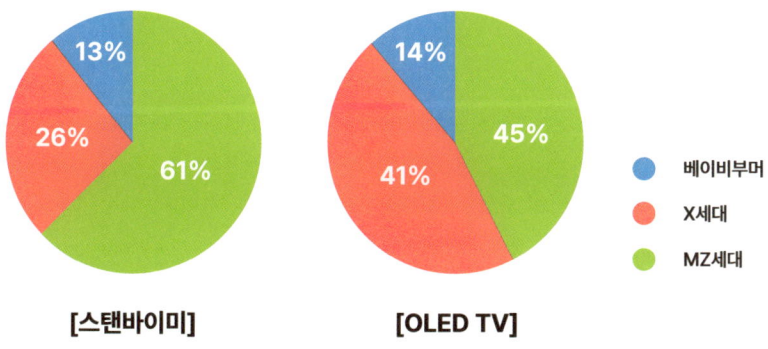

[그림 4. '스탠바이미'와 'OLED TV'의 고객 분포(2022년 5월, 한국)]

기획 초기에 타겟 고객의 철저한 이해로부터 출발한다는 의미는 가설적 고객 정의 후 지속적인 관찰과 검증 단계를 거치면서 발굴된 인사이트를 구체화하는 과정입니다. 더불어 반복적인 순환을 통한 고객 피드백이 제품의 핵심경험을 고도화하는 단계라고 할 수 있습니다.

키워드와 요약

- 기획의 시작은 첫째도 고객, 둘째도 고객이다

- 가설적으로 목표 고객을 정의한 후 단계별 고객 검증으로 컨셉을 정교화한다

- 아마존 워킹백워드에서 정의한 페르소나 구성 요소를 참고하여 목표 고객을 분석한다 : Fact, Pain, Behavior, Goal

2
시장   실리콘밸리에서 삼시세끼

신상품 기획의 첫 관문을 고객으로부터 시작했다면, 이제 두 번째 관문인 시장에 대해 알아보겠습니다. 여러분께서는 운전 중 도로에서 프리미엄 브랜드인 '렉서스' 자동차를 종종 보실 겁니다. 미국 시장에서 보급형 모델인 '캠리'로 성공했던 '토요타 자동차'가 '렉서스'를 개발한 과정에서 기획에 대한 흥미로운 접근 방법이 발견됩니다.

1980년대 초반까지 중저가 모델로 미국 자동차 시장에서 성장했던 '토요타'는 미국이 막대한 무역적자를 해소하기 위해 일본의 엔화를 강제로 절상시킨 '플라자 합의' 이후 수출 경쟁력을 상실하게 됩니다. 이에 따른 보급형 시장의 피해를 최소화하기 위해 현지 생산화 원칙과 동시에 고급화 전략을 취하게 됩니다. 기존 중산층을 대상으로 자동차를 개발했던 도요타는 전혀 새로운 고객층을 겨냥한 자동차를 기획하기 위하여 파격적인 시도를 하게 됩니다. 그것은 바로 설계 엔지니어링, 디자인, 상품기획, 마케팅 부서의 실무자로 구성된 20여명에게 1년간 유급휴가를 준 것입니다. 그들의 미션은 미국 로스앤젤레스 부촌에서 생활하고 여러 도시를 다니며 고소득층이 무엇을 소비하고, 어떻게 여가를 즐기며, 어떤 생각을 하는지 직접 보고 듣고, 이해하도록 한 것입니다.

이는 곧 머리로만 상상하는 것이 아닌 실제 현장에서 문제를 발견하고 그 답을 찾도록 한 것입니다. 1년여 동안 여유롭게 생활하면서 미국 상류층의 생활을 간접 체험합니다. 이 후 진심으로 내가 타고 싶은 사동차를 기획하고 만들어서 1989년 '렉서스'가 출시되었습니다. '렉서스' 사례를 보면 너무 이상적인 이야기라고 생각할 수도 있습니다. 하지만 우리 제품을 구매해 줄 고객의 생각과 욕구를 기획자의 눈으로 직접 파악하고 생활 환경을 관찰하는 것은 시장 기회 탐색이라는 상품기획 본질에 가장 충실한 원칙입니다.

프리미엄 제품을 소비하는 고객을 깊이 이해하기 위해서는 현지에서 직접 나의 눈으로 관찰해야 한다.

저 또한 비슷한 경험을 한 적이 있습니다. 2016년 가을, 저는 사업개발, 디자인, 유저 인터페이스(UI)전문가들로 구성된 '이노베이션 챌린지' 팀을 이끌고 신상품 및 신사업 기회를 탐색하기 위해 실리콘밸리에서 3개월간 생활했습니다. 과거 해외 출장과 달리, 호텔이 아닌 당시 공유경제의 대표적 서비스로 떠오르던 '에어비앤비'를 이용해 숙소를 선정하고 거주하며 새로운 소비자 경험을 직접 체험했습니다. 또한 이동할 때는 '우버'택시를 활용하여 차량 공유 서비스의 장점과 특징을 깊이 이해할 수 있었습니다.

거주 공간에서는 '애플TV'와 '로쿠 스트리밍 플레이어'를 통해 최신 콘텐츠를 즐기고, 아마존 '알렉사'를 비롯한 조명, CCTV 등 사물 인터넷 기기(Internet of Things)를 설치하여 일반 미국 소비자들의 라이프스타일을 직접 경험했습니다.

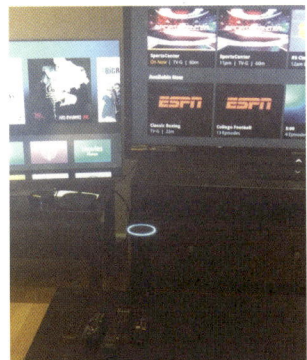 

[그림 5. 아마존 알렉사(좌), 스트리밍 기기(우)]

    당시 우리 팀의 미션은 실리콘밸리의 스타트업들은 어떻게 일하고, 생각하면서 새로운 사업 기회 요소를 발굴하는지 파악하는 것이었습니다. 따라서 스타트업 사무실이 모여있는 거리의 카페를 방문하면서 그들의 미팅 분위기를 엿보았습니다. 또한 해외법인 소개를 통해 벤처 투자회사와 미팅을 하면서 여러 신기술을 탐색하였습니다. 생활적인 면에서는 매일 아침 피트니스 센터를 다니며 자기 관리를 위한 미국 고객의 일상생활을 엿보았습니다. 때로는 북미 최대의 가전매장인 '베스트바이' 매장에서 반나절을 머무르며, 고객이 매장에 들어오는 순간부터 어디로 이동하는지 살펴보았습니다 그리고 고객들이 제품을 구매할 때 세일즈맨에게 무슨 질문을 하는지 곁에서 관찰하였습니다.

　스마트폰을 이용해서 즐겨보는 영상 콘텐츠는 무엇인지, 여가 생활을 위해 찾아가는 캠핑장도 가보고, 전시장, 경기장을 찾아 다녔습니다. 또한 '블랙프라이데이'에 이른 저녁부터 매장 앞에 줄을 서며 미국 중산층의 시각으로 가전제품에 대한 인식을 파악하기 위해 노력하였습니다.

[그림 6. 미국 요세미티 국립공원 캠핑장]

　지금도 기억에 남는 것은 아웃도어 환경에서 TV를 어떻게 활용하는지 알기 위한 고객 관찰이었습니다. 풋볼 경기 시작 전 '리바이스 스타디움'의 주차장에서 친구들과 먹고 마시며 즐기는 '테일 게이팅' 현장을 방문하여 미국인들만의 스포츠와 결부된 소셜 파티를 직접 체험했습니다. 특히 스포츠에 진심인 일부 고객들은 가져온 TV에 위성방송과 연결 후 타 팀의 경기를 보면서 얘기를 나누는 광경은 매우 신선했습니다.

[그림 7. 테일 게이팅 @샌프란시스코 리바이스 스타디움]

　현지 생활 6주가 지난 후 우리 팀은 매장 방문, 고객 관찰과 스타트업 투자사 미팅, 아이디어 워크샵, 고객 및 전문가 인터뷰를 통해 3가지 기회영역을 도출하였습니다. '피트니스', '아웃도어', '스트리밍 서비스'로 정의한 3개의 카테고리 아래 현지 디자인 업체와 협업하여 기회요소 별로 1개의 컨셉 아이디어 정교화 작업을 수행하였습니다. 특히 홈 피트니스라는 새로운 트렌드를 만들어 가는 '펠로톤'의 매장을 방문, 서비스를 체험하면서 '피트니스 TV' 컨셉 개발의 영감을 받았습니다. 또한 미 서부의 강한 태양볕은 아웃도어 활동을 하기에 최적이었기에 스크린의 경계가 집 밖으로 확장되면서 이동형 아웃도어 스크린에 대한 니즈를 확인하였습니다.

　4주간 디자이너들과 작업 후 현지 고객조사를 실시하면서 우리 가설에 대한 고객의 진솔한 피드백을 들을 수 있었습니다. 특히 스티로폼으로 제작된 프로토타입을 이용한 고객조사는 팀이 가설적으로 수립한 핵심경험을 검증하는데 매우 유용하였습니다. 핵심 경험의 우선 순위와 정교화를 함에 있어 고객의 목소리는 큰 도움이 되었습니다.

[그림 8. 신제품 아이디어 고객 검증]

    이후 현지 활동을 마무리하고 국내로 복귀하여 3가지 컨셉 아이디어를 최고 의사결정자에게 보고하였습니다. **내부 시각이 아닌 외부의 시선으로 현지에서 경험하고 분석한 인사이트에 대해 긍정적인 평가**를 받았습니다. **90도 회전, 높낮이 조절과 이동형 스크린** 아이디어는 훗날 '**스탠바이미**'로 발전하는 중요한 출발점이 되었습니다. 앞선 활동 성과 덕분에 '이노베이션 챌린지'팀은 4기까지 운영되었고 혁신 아이디어 발굴의 방법론으로써 구성원들에게 신선한 자극이 되었습니다.
    지금까지 설명한 두 번째 기회발굴 사례가 주는 시사점은 '**해답은 현장에 있고, 남의 시선을 빌리지 않고 나의 눈으로 문제를 직시해야 한다**' 입니다.

우리는 늘 새로운 아이디어를 갈망하지만 시간이 없어서, 예산이 부족해서, 담당자가 없어서, 방법론을 몰라서 등 수많은 이유로 주저하곤 합니다. 하지만 책상과 실험실에서 상상하는 것만으로는 고객이 직면한 실제 문제를 파악할 수 없습니다. 매주 일정한 시간을 정해 사무실 밖으로 나가 전시장, 컨퍼런스, 팝업 스토어 등 다양한 공간을 방문하는 '인사이트 트립'을 가지거나 사람이 많이 모이는 카페, 거리에서 우리 제품을 보여주며 인터뷰를 진행해 보세요. 완벽한 아이디어가 아니어도 고객과의 직접적인 접촉을 통해 의미 있는 피드백을 얻을 수 있습니다. 여러분도 시장에서 답을 찾길 바랍니다.

키워드와 요약

- 고객을 제대로 이해하기 위해 관찰하고, 고객처럼 생활해야 한다.

- 실제 시장에서 고객이 사용하고 있는 서비스와 제품을 직접 경험하고, 분석함으로써 인사이트를 얻을 수 있다.

- 직접 나의 눈과 귀로 혁신 아이디어를 시장에서 검증하고 생생한 현장의 목소리를 들어야 한다.

3
기술 최상의 상품을 위한 최적의 기술을 찾아서

신제품 및 신사업 기회 발굴의 마지막 단계는 유망 기술을 파악하고 미래를 예측하는 것입니다. 해마다 연말이 되면 다음 해의 경제, 사회, 소비 트렌드를 전망하는 수많은 서적이 출간됩니다. 미국 MIT는 매년 '10가지 혁신 기술(10 Breakthrough Technologies)'를 발표하며, '가트너'와 같은 글로벌 시장조사 기관은 신기술 동향을 분석하고 시계열적으로 미래 기술 트렌드를 업데이트 합니다. 아래 그림은 2024년 발표된 '이머징 테크놀로지 하이프사이클'입니다. 하이프사이클은 신기술의 성장과 성숙 과정을 시각적으로 표현하는 모델입니다. 이 모델은 기술의 채택과 기대치를 평가하는데 도움을 주며, 기업의 전략 수립과 신상품을 기획함에 있어 신기술을 이해하는데 유용하게 활용됩니다. 2024년 9월 발표된 자료에서 '생성형 AI'(Generative AI)의 기대감이 최고조에서 내려오고 있음을 보입니다. 또한 이 모델을 통해 우리는 특정 기술을 도입할 최적 시기를 판단할 수 있습니다.

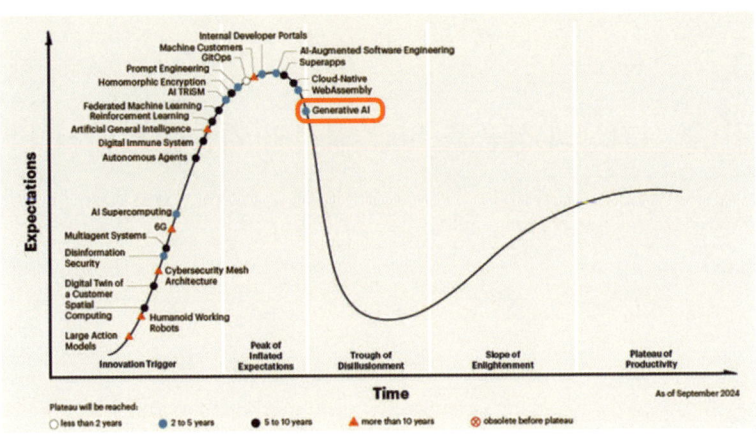

[그림 9. 가트너 Emerging Technology Hype Cycle 2024]

매년 1월이 되면 미국 '라스베가스'에서는 '소비자 가전쇼(CES)'가 개최됩니다. 150여개 국가, 4000여개 이상 기업들이 참가하며 다양한 혁신 제품을 소개합니다. 모든 산업분야에서 첨단 기술과의 접목을 통한 흥미로운 제품과 키워드가 제시되며 선진 테크업체들의 비전과 제품을 직접 확인할 수 있는 소중한 기회입니다. 이 기간 동안 발행되는 수많은 보고서와 기사, 유튜브 영상 등을 보면 향후 기술의 방향성이 어디로 진화할 지 가늠할 수 있습니다.

꾸준히 기술 동향을 모니터링하면 한 순간 나타난 후 조용히 사라지는 기술은 무엇인지, 반면 꾸준하게 발전하면서 그 궤적을 만드는 기술은 어떤 것이 있는지 알 수 있습니다. 이처럼 기술은 시간에 따라 끊임없이 진보하고 있습니다. 변화하는 기술 흐름 속에서 유망 기술은 무엇이고 어떻게 우리 제품을 혁신시키는데 응용할 것인가는 모든 기획자의 과제와도 같습니다.

CES에 등장한 주요 트렌드와 혁신 기술

연도	신제품 및 신기술	연도	신제품 및 신기술
1970	비디오 카세트 레코더(VCR)	2009	3D HDTV
1974	레이저디스크 플레이어	2010	태블릿PC, 넷북, 안드로이드 기기
1981	캠코더, 콤팩트 디스크 플레이어	2011	커넥티드 TV, 스마트 가전, 전기자동차
1990	디지털 오디오 테크놀로지	2012	울트라북, 3D OLED
1991	대화형 콤팩트 디스크	2013	울트라 HDTV, 플렉시블 OLED, 자율주행자동차
1994	디지털 위성 시스템(DSS)	2014	3D 프린터, 센서 기술, 곡면 UHD, 웨어러블 기기
1998	HDTV	2015	4K UHD, VR, 무인 시스템
1999	하드 디스크 VCR(PVR)	2016	증강현실, 라이더블 기기, 고음질 오디오
2000	위성 라디오	2017	전기자동차, 공유경제, 사물인터넷
2001	MS Xbox, 플라즈마 TV	2018	5G, 스마트 모빌리티, 인공지능
2002	홈 미디어 서버	2019	폴더블폰, 양자컴퓨터, 자율비행택시
2003	블루레이 DVD, HDTV DVR	2020	8K, AI, 도심항공 모빌리티, 푸드테크
2004	HD 라디오	2021	지속가능성, 롤러블, AI 반도체
2005	IPTV	2022	스페이스 테크, NFT(대체불가토큰)
2007	콘텐츠 및 테크놀로지의 융합	2023	Web 3.0 메타버스
2008	OLED TV	2024	미래 항공 모빌리티
		2025	양자 컴퓨팅, 에너지 전환

[그림 10. CES에 등장한 트렌드와 혁신 기술 (출처: 삼정 KPMG, CTA)]

이제 기회탐색의 마지막 장을 살펴봅니다. 상품과 서비스가 타겟하는 고객과 소비되는 목표시장에 대한 탐색이 완료되면 상품에 적합한 기술을 발견하고 구현 가능성을 검증합니다. 다음에 설명하는 두 개의 상반되는 사례를 통해서 어떻게 기술을 보는 안목을 키울 것인가? 그리고 시의 적절한 기술을 선택하는 기준은 과연 무언인가? 에 대한 답을 찾아보겠습니다.

2010년 애플은 9.7인치 아이패드를 처음 세상에 선보이며 아이폰에 이은 모바일 혁명의 2탄을 쏘아 올립니다. 신문, 책, 웹 브라우징, 영상 시청 등 미디어를 소비하는 모든 방식에 있어서 애플의 혁신적인 사용 경험을 제공하게 되었습니다. 무엇보다 20만개 이상의 앱으로 구성된 앱 스토어가 새로운 사용 경험에 기여하였습니다. 고객이 특정 서비스 이용을 위해 인터넷 사이트를 접속하지 않고 앱만 다운로드 하면 동일한 경험을 할 수 있었던 것입니다.

그런데 출시 후 치명적인 문제점이 제기됩니다. 그것은 바로 당시에 다수의 인터넷 사이트 내 동영상의 75%를 차지하는 '어도비(Adobe)'사의 '플래시(Flash)' 기술을 지원하지 않는 것입니다. 따라서 아이패드를 통해 접속한 웹 페이지에서 동영상 부분이 까맣게 표시되며 재생되지 않았습니다. 이러한 현상이 발생하자 각종 언론매체와 수많은 개발자들이 문제점을 집요하게 공략하였고, '플래시' 지원을 요구하는 목소리는 점점 높아집니다. 이 때 스티브 잡스는 생전 최고의 인터뷰 중 하나로 평가받는 D8 컨퍼런스에서 기술에 대한 애플의 관점과 채택기준을 명쾌하게 설명했습니다.

"모든 기술은 성숙도에 따라 봄, 여름, 가을, 겨울이 있고, 애플은 **항상 떠오르는 새로운 기술을 채택**합니다. 단순히 그 기술이 범용화되어 있고, 다수가 사용된다고 해서 지원하는 것은 아닙니다. **성장세가 명확한 유망한 기술을 현명하게 선택하는 것이 현재의 기술을 전부 다 지원하는 것 보다 자원의 효율적 활용을 가능**하게 해줍니다. 그래서 애플은 플로피디스크와 USB를 맥북에 최초로 적용했고, 광학 디스크를 최초로 제거한 것도 애플의 맥북 에어입니다. 따라서 현재 떠오르는 HTML5(웹 문서 제작 프로그래밍 언어의 최신 웹 표준 규격)기반의 동영상 기술이 배터리 수명 및 보안 측면에서 '플래시'보다 매우 우수하기 때문에 이를 조만간 대체할 것으로 예상합니다."

[그림 11. 2010년 'AllThingsD8' 컨퍼런스의 스티브 잡스 인터뷰 (출처: 월스트리트저널 홈페이지)]

더불어 애플의 제품 철학을 아래와 같이 열정적으로 설파합니다. "**애플의 궁극적인 목표는 고객을 위해 최상의 제품을 만드는 것입니다.** 만일 우리 선택이 틀렸다면 고객은 우리를 외면할 것이고, 우리가 옳다면 고객은 우리 제품을 구매하는 것이지요. 따라서, **우리 제품을 최고로 만드는 데 필요한 기술을 지원하는 것에 우리의 에너지를 쏟을 것입니다. 기술의 옳고 그름을 떠나서 말입니다.**"

이 글을 읽으신 분들께서는 적어도 한 개쯤은 스티브 잡스에 대한 수많은 명언과 일화를 아실 겁니다. "사람들은 직접 물건을 보여주기 전까지는 자신이 무엇을 원하는지조차 모른다.", "Think Different, Stay

Hungry, Stay Foolish" 등 주옥 같은 문장을 남겼습니다.

저는 위 인터뷰를 처음 봤을 때 뭔가 뒤통수를 한 대 맞은 것 같은 큰 울림이 있었습니다. 그 이유는 제품 철학을 전달하는 스티브 잡스의 진정성과 굳은 신념이 담긴 모습이 한국의 그 어떤 최고 경영자의 그것과는 확연히 달랐기 때문입니다. 최고 경영자가 명확한 비전을 제시하고 영혼이 담긴 제품을 지속적으로 세상에 내놓기 때문에 애플은 세계 그 어떤 회사에는 찾아볼 수 없는 고객이 열광하는 브랜드로서 자리매김하였습니다.

이처럼 미래 이머징 트렌드를 읽는 인사이트가 있을 때 신사업 발굴과 성공하는 상품을 만드는 데 필요한 요소기술을 발견할 수 있겠습니다. 이와는 반대로 미래 성장 가능성이 크지만, 아직 시장 성숙도가 낮은 초기 기술이 있습니다. 다음 사례는 기술을 어떻게 육성하고 적용할 것인가에 대한 고민을 다룹니다.

우리에게 너무 익숙한 '구글 드라이브', '애플 iCloud'는 클라우드 기반 저장, 컴퓨팅 서비스들입니다. 게임도 위 서비스와 같이 PC에 직접 설치하지 않고 클라우드에서 컴퓨팅 프로세싱을 한 후 PC에서는 조작 신호에 따라 처리된 영상을 보면서 실제와 같이 게임을 할 수 있습니다. 우리는 이러한 서비스를 '클라우드 게이밍 서비스'라고 부릅니다. 2025년 2월 현재 LG 유플러스, 엔비디아, 엑스박스 콘솔에서도 이러한 클라우드 게이밍 서비스를 하고 있습니다.

클라우드 게이밍 기술은 13년 전인 2010년 이미 미국에서 'OnLive'가 상용화 서비스를 실시하였습니다. 당시는 스마트 TV라는 개념으로 전통적인 TV가 인터넷에 접속됨으로써 웹 브라우징은 물론 스마트폰처럼 스마트 TV 전용 앱이 탑재되기 시작합니다. 스마트 TV 경쟁의 초창기에 킬러 콘텐츠가 무엇이 될 것인지 탐색하는 와중에 '넷플릭스', '유튜브'가 영상을 클라우드 기반으로 서비스한 것처럼 게임 산업도 이와 유사한 방식의 대혁신이 일어날 것을 예측하였습니다.

[그림 12. OnLive 서비스(좌), 소니 '플레이스테이션 나우(우)' (출처:테크 크런치(좌), 소니(우))]

따라서, 클라우드 게이밍 서비스의 미래 성장성에 대한 강한 확신을 갖게 되었습니다. 이는 곧바로 LG TV에서 서비스를 런칭하기 위해 미국의 'OnLive'와 경쟁업체인 'GaiKai'등과 사업개발을 논의하기 시작합니다. 물론 당시 클라우드 컴퓨팅 처리능력과 인터넷망 속도 등 주변 인프라가 고객이 반응속도의 지연을 체감하지 못할 정도로 완벽하지는 않았습니다. 하지만 인터넷 속도는 지속 향상될 것이고, 반응속도에 민감한 FPS(First Person Shooter; 1인칭 슈팅게임)이나 레이싱 게임을 피하고 '롤플레잉', '전략 시뮬레이션' 게임은 충분히 고객에게 수용 가능하다고 판단하였습니다. 이후 'GaiKai'와 공동으로 내부 기술 검증 완료 후 충분한 성능 확보가 가능하여 서비스 런칭을 위한 협상을 가속화했습니다.

모든 게 순조롭게 흘러가던 순간 예상치 못했던 사건이 발생합니다. 2012년 양사간 파트너십 논의 막바지에서 'GaiKai'는 소니 사에 인수되면서 플레이스테이션 콘솔에 '플레이스테이션 나우' 서비스를 우선 적용하는데 집중하게 됩니다. 게다가 소니에게는 동종업계의 경쟁사였던 LG 스마트 TV에 서비스 탑재를 지원할 가능성도 매우 희박했습니다. 설상가상으로 대안으로 검토하던 'OnLive'는 서비스 품질 이슈로 스마트 TV로 확장에 어려움을 겪게 됩니다. 이후 스마트 TV에서 클라우드 게이밍 서비스는 새로운 사업자인 엔비디아의 '지포스 나우'가 출현할 때까지 10여년 동안 수면 아래 잠기게 되었습니다.

기술은 결코 틀리지 않습니다. 다만 그 기술이 개화하는데 필요한 타이밍이라는 촉매제가 결합되지 않았을 뿐입니다. 그래서 꽃이 늦게 피거나 채 피우기도 전에 떨어지는 것입니다.

스티브 잡스의 애플은 웹 기반 동영상 서비스의 핵심기술이 '플래시'에서 'HTML5'로의 전환이 거스를 수 없는 큰 대세라고 판단하여 과감하게 적용하였습니다. 반면 스마트 TV에서 클라우드 게이밍 서비스는 콘솔이나 PC 환경에서 익숙했던 고객의 게이밍 경험 대비 게임 타이틀의 종류와 성능 측면에서 열위 했습니다. 추가로 기술 진보를 위한 인프라 개선 시간과 연관 산업인 게임 콘텐츠의 지원 등 선결되어야 하는 문제가 많았던 것입니다. 무엇보다 애플, 구글, 아마존 등 빅테크 업체들의 시장 진출이 이뤄지지 않는 이상 신규 사업은 생태계 확장에 큰 시간이 소요됨을 알 수 있었습니다.

대부분의 최고 경영층은 항상 새로운 상품, 서비스에 목말라하며 신기술에 집착하게 됩니다. 완벽하진 않지만 먼저 출시하여 '가장 큰', '세계 최초'라는 타이틀을 통해 언론의 주목을 받고 싶어 합니다. 과연 매거진에 실린 한 장의 사진이 사업의 지속적인 성장과 차별화된 고객 경험을 제공하는 브랜드를 구축하는데 기여하는지 돌이켜봐야 하겠습니다.

이번 장은 기회탐색을 위한 '기술'편을 알아보았습니다. 매년 경쟁하듯 새로운 기술 화두가 출현합니다. 때로는 화려하게 나타났지만 채 무르익지 못하고 눈 앞에서 사라지곤 합니다. 그러다 시간이 흘러 환경이 성숙되면 다시 꽃 피울 수 있는 것이 기술이라고 생각합니다. 이러한 기술을 읽는 시야를 갖추기 위해서는 **기획자는 항상 매와 같은 눈으로 기술 트렌드를 주기적으로 추적하고, 파악할 수 있는 자신만의 조사 플랫폼을 갖추어야** 합니다. 마치 동일한 매장을 매번 방문하여 관심 제품의 전시 면적크기와 위치, 마케팅 메시지의 변화 등을 추적 관찰하는 것과 같습니다. 이를 통해 순간의 단면이 아닌 연속적인 시간의 흐름 속에서 변화를 읽어내는 힘을 키울 수 있습니다.

조사 플랫폼의 예시로는 IT 뉴스레터, 트렌드 리포트, 신제품 소개, 특허, 표준 관련 홈페이지 등이 있습니다. 증권사 및 컨설팅 업체 리포트, 벤처 캐피털의 투자 동향 등을 참고하면 남들과 차별화된 미래를 읽는 혜안을 갖출 수 있습니다. 올 해는 전년대비 어떤 기술이 많이 언급되는지, 기술의 성장 단계를 이해하고 대중화를 앞두고 있는 것은 무엇인지, 주변 인프라는 성숙되어 있는지 등 **꾸준한 점검이 필요합니다.**

기획자는 항상 호기심을 갖고 깨어 있을 때 변화를 읽을 수 있고, 최고보다는 시의 적절한 최적의 기술을 찾을 가능성이 있습니다.

키워드와 요약

- 명확한 장점을 가진 떠오르는 새로운 기술을 선택하라

- 지속적인 기술 모니터링을 통해 진화의 변곡점과 상용화가 가능한 타이밍을 읽어라

- 최상의 제품을 만드는 데 반드시 최고의 기술이 필요한 것은 아니다

- 본인의 리서치 플랫폼을 구비하고 주기적으로 모니터링 하라

제 2장

상품 컨셉 구체화

'빛과 함께하는 나의 블루오션 전략'

상품 컨셉 구체화는 단순한 아이디어를 차별화된 가치로 전환하는 창의적인 과정입니다. 블루오션 전략과 체계적인 아이디어 발상법을 활용해 새로운 시장 기회를 포착하고 이를 구체적인 컨셉으로 시각화하여 실행 가능성을 높입니다. 성공적인 컨셉은 단순히 참신한 아이디어에 그치지 않고 고객에게 실질적인 가치를 제공하며, 경쟁의 틀을 넘어선 혁신적 사고에서 시작됩니다.

앞서 우리는 혁신적인 아이디어를 얻기 위한 고객, 시장, 기술 관점에서 기회발굴 과정을 살펴보았습니다. 이번 장에서는 기회발굴 활동을 통해 찾은 인사이트를 이용하여 **아이디어 발산, 아이디어 시각화, 마지막으로 도출된 아이디어를 스크리닝 하고, 고객과 함께 검증하면서 발전시키는 여정**에 대해 살펴보겠습니다.

1
아이디어 스파크 찾기

여러분이 기획업무를 담당하게 되면 새로운 아이디어를 가져오라는 업무지시를 늘 받게 될 것입니다. 정기적으로 내부 아이디어 워크샵도 진행하고 사내 아이디어 경진대회 등도 주최합니다. 이처럼 항상 신제품, 신사업 아이디어에 목말라 있는 상황에서 어떻게 매력적인 컨셉을 만들 수 있을지 고민합니다. 특정한 주제를 놓고 몇 시간씩 '브레인스토밍' 회의를 하고, '디자인 씽킹'같은 방법론도 활용합니다.

물론 화이트보드에는 미완의 아이디어가 적힌 포스트잇이 색깔별로 가득 기록된 광경을 흔히 볼 수 있습니다. 유사한 내용으로 포스트잇을 그룹핑하고 키워드를 뽑고, 좁혀가는 일을 반복적으로 행합니다. 방법론적으로 **다양한 솔루션 후보들을 만드는 '발산(Diverge)' 과정과 여러 대안 중 차별화된 몇몇 솔루션으로 최적화하는 '수렴(Converge)' 과정이 이뤄집니다.**

아이디어 워크샵은 발산과 수렴과정을 거친 10~20개의 아이디어 산출물을 가지고 상위레벨의 구체화된 상품화 컨셉을 재창조하는 과정입니다. 과정을 진행하다 보면 체계적이고 효과적으로 아이디어를 발산하는 방법을 고민하게 됩니다. 더불어 상품 컨셉이 갖춰야 할 핵심 요소들은 무엇이고, 누가 작성하더라도 일관된 형식으로 커뮤니케이션이 가능한 보고서를 만드는 것도 과제입니다. 마지막으로 여러 아이디어를 어떤 기준으로 평가하고 최종적으로 선택해야 하는지 의문이 생깁니다.

모든 과정의 시발점인 아이디어 발산을 위해 '블루오션 전략'에서 표현된 새로운 시장 개척을 위한 방법론을 소개하겠습니다. 과거에 소개된 유행에 뒤쳐진 것으로 치부할 수도 있지만 현업에서 경험했을 때 기타 아이디어 발상법보다 이론적으로 탄탄하게 쉽게 적용 가능한 방법론이었습니다.

경영혁신의 화두였던 '블루오션 전략'의 핵심은 제품과 서비스가 제공하는 기대효용은 높이고 비용은 절감함으로써 고객이 체감하는 가치를 높이는 것입니다. 고객의 기대 가치를 높이기 위해서 업계 표준보다 더 많이 제공해야 하는 것은 향상(Raise)시키고, 경쟁사 그 누구도 제공하지 못한 새로운 가치를 창조(Create)해야 합니다. 마찬가지로 비용을 절감하기 위해서는 고객이 신경 쓰지 않는 요소는 제거(Eliminate)하고, 현재 업계 표준 보다 과다 제공하는 가치는 절감(Reduce)합니다.

[그림 1. Value Innovation (출처: Blue Ocean Shift)]

즉, 고객관점의 가치 향상과 새로운 가치 창출을 기업관점의 비용 절감 및 제거와 함께 달성해야 합니다. 특히 제거, 절감하는 것도 중요하지만 상쇄된 기대효용을 충분히 보상할 만한 새로운 가치를 제안해야 하는 것이 핵심입니다.

새로운 아이디어는 기존에 경쟁하고 있는 산업의 영역 내에 머무르지 않고 그 경계를 뛰어넘는 사고의 확장을 도모하는 게 가장 중요합니다. 특히 6개의 서로 다른 관점에서 아이디어를 찾는 '6 패스 프레임워크(Paths Framework)' 방법론은 랜덤한 방법의 아이디어 도출이 아닌 6가지 경로(Path)에 의한 시스템적인 접근 방법이 되겠습니다.

1-1. 나이키의 경쟁자는 OO이다

: 대안 산업을 관찰한다

여러분은 '나이키'의 최대 경쟁자는 누구라고 생각합니까? '아디다스', '언더아머', '룰루레몬' 등 스포츠 신발 및 의류 브랜드가 먼저 떠오를 겁니다. 고 기능성, 기록 향상, 착용의 편안함 등 익숙한 마케팅 용어가 함께 스쳐갑니다. 만일 '넷플릭스', '유튜브'라고 대답하신 분이 있다면 경쟁을 새로운 관점으로 해석하신 걸로 보여집니다. 전통적인 경쟁 관점에서 본다면 앞서 말한 '언더아머'는 조깅화로써 편안한 착화감을 제공하는 대체재가 됩니다. 반면 '넷플릭스'를 시청하는 것은 야외에서 조깅하는 대신 선택할 수 있는 여가활동 중 하나입니다.

핵심은 조깅이라는 행위를 하는데 필요한 신발의 범주를 벗어나 사고의 폭을 확장하여 조깅을 하는 목적과 의도를 생각할 때 풍부하고 참신한 아이디어의 발산이 가능합니다. 고객은 여가활동의 하나인 조깅을 하는 것이고 '나이키'는 그러한 목적을 효과적으로 달성하는 조깅화라는 수단을 제공했기에 선택된 것입니다. 이는 곧 고객 입장에서 볼 때 여가활동을 즐기는 것이고 '넷플릭스'를 시청하는 것은 조깅 대신에 대체 가능한 대안이 됩니다. '넷플릭스' 시청 행위는 유익하게 시간을 보낸다는 목적과 편안함이라는 가치를 제공하지만 제품 형태도 다르고 수행하는 기능도 다른 대안 산업의 서비스가 됩니다. 만일 고객이 건강한 신체를 유지하기 위해 조깅을 선택했다면 이 때는 '넷플릭스'가 아닌 '펠로

톤'이라는 인도어 사이클 서비스나 애플 TV의 '애플 피트니스+'가 대안 산업의 서비스가 될 수 있습니다.

마찬가지로 현대자동차의 미래 경쟁자는 긴 주행거리와 안락함으로 경쟁하는 전기자동차 '테슬라'가 맞을까요? 공간의 이동이라는 가치 제안은 동일하지만 형태와 기능이 다른 것으로 UAM(Urban Air Mobility, 도심항공이동수단)도 하나의 경쟁자가 될 수 있습니다. 또는 차량공유 서비스인 '우버' 역시 경쟁자로 고려해야 됩니다.

참신하고 **혁신적인 아이디어는 기존 산업군 내에서 경쟁 제품이나 대체 제품을 관찰하기 보다는 대안 산업을 좀 더 적극적으로 찾아보는 과정**에서 찾을 수 있습니다.

현업에서 응용 방법은 우리 제품의 대안 산업을 먼저 살펴봐야 합니다. 고객이 어떤 목적을 달성하려고 하는지, 그리고 문제를 해결하기 위해 어떤 대안 산업을 이용하는지 파악해야 하며 그 목적을 달성하는 수많은 대안을 아이데이션 해보는 겁니다.

예를 들어 TV의 대체재는 스마트폰, 노트북이지만 대안 산업은 CGV 극장, 오디오 북, 운동, 여행 등 다양한 영역으로 확장됩니다. 고객이 집이 아닌 극장에 가는 이유는 무엇 때문인지? 오디오 북을 선택하는 고객은 어떤 좋은 점 때문에 이용하는 것인지? 만일 홈 피트니스의 경험을 향상하기 위해 스크린 기기를 사용한다면 어떤 요소를 강화, 창조할 수 있을지 등등 사고의 무한 확장이 가능해집니다.

더 이상 새로운 아이디어를 만들기 위해서 전통적인 경쟁요소인 화질, 음질, 디자인 등 몰입감 있는 시청 경험의 고도화에서 이제는 벗어나야 합니다. 한정된 고객의 여유 시간을 차지하기 위해 경쟁하는 무수히 많은 서비스를 펼쳐 놓고, 각 서비스의 특징을 나열하고 TV로의 적용을 검토해 보면 아이디어의 발산이 보다 풍성해질 것입니다.

키워드와 요약

- 경쟁사의 제품과 대체재가 아닌 대안 제품, 산업을 관찰하라

6Paths Framework 1

세부 실행 방법

1. 고객 관점에서 우리 제품 혹은 산업이 해결하려는 문제 혹은 고객 니즈를 파악한다.
2. 어떤 대안 산업이 동일한 문제나 고객의 니즈를 해결하기 위해 노력하는지 탐색한다.
3. 각 대안산업을 선택한 고객들을 인터뷰하여 어떤점 때문인지 파악한다.
4. 우리 제품을 거부한 이유, 타 산업제품의 가장 좋은 점이 무엇인지 인터뷰를 실시한다.
5. 인터뷰를 통해 나온 인사이트를 기록하고 아이디어 워크샵에 활용한다.

[그림 2. 6Paths Framework 중 첫 번째 요약(출처: Blue Ocean Shift)]

1-2. 숨어있는 적을 찾아라

: 전략 집단을 관찰한다

　전략 집단의 관찰은 대안 산업을 관찰하는 것보다 다소 어려운 개념입니다. 먼저 전략 집단이란 경쟁하고 있는 산업에서 동일한 가격, 포지셔닝 등 유사한 전략을 수행하는 회사들의 그룹을 지칭합니다. 일반적으로 가격과 성능의 두 가지 측면에서 전략 집단이 나눠지곤 합니다.

　자동차 산업의 경우 현대 그랜저는 세단이라는 동질의 경쟁 집단에 속하지만 기아 카니발은 미니밴이라는 다른 전략 집단에 속합니다. 이 경우 그랜저가 소속된 세단의 경쟁요소는 부드러운 주행과 조용함이라면 미니밴 그룹에서는 넓은 적재공간, 승하차 시 편리함, 자유로운 좌석 배치의 변경 등이 더 중요한 요소로 간주됩니다. 세단과 미니밴 그룹이 각각 제공하는 최고의 가치를 비교함으로써 내가 속한 전략 집단이 채택하지 않은 전혀 다른 새로운 가치에 대한 아이디어를 얻을 수 있습니다.

　우리가 서로 다른 전략 집단을 참고해야 하는 이유가 바로 여기에 있습니다. 현재는 A그룹과 B그룹 두 개의 집단만 있지만, 만일 B그룹에 있는 장점을 채택하여 A그룹에 덧붙이면 새로운 C그룹이 생성됩니다. C그룹이 충분히 매력적이라면 기존 A, B그룹의 고객이 이탈하여 이동할 수도 있습니다. 추가로 A, B그룹에는 전혀 관심이 없던 사람도 C그룹의 매력을 보고 찾아오게 되면 새로운 시장이 형성되는 것입니다.

결론적으로 **좋은 아이디어는 다른 집단에서 각광받는 요소를 참고하여 나의 실정에 맞게 변형함으로써 재창조**될 수 있습니다.

동일하게 TV 제품에서 전략 집단을 살펴보면 OLED TV와 같은 프리미엄 TV, 스탠바이미와 같은 이동형 TV, 보급형 일반 LED TV가 있습니다. OLED TV는 큰 화면과 최싱의 화질, 세련되고 슬림한 디자인이 전형적인 경쟁 요소입니다. 반면 '스탠바이미'는 화질 보다는 이동의 편리함, 전원선이 없어도 시청할 수 있는 배터리 지속 시간 등 전통적인 TV에서는 볼 수 없는 새로운 가치 요소가 등장합니다.

만일 '스탠바이미'가 OLED TV와 같은 최고의 화질을 취하거나, 보급형 TV처럼 저렴한 가격을 충족해야 한다면 지금의 제품과는 완전히 다른 새로운 제품이 탄생할 것입니다. OLED를 이용하여 최고의 화질을 제공한다면 가격이 높아지기에 화질 이외 새로운 가치요소를 찾아야 합니다. 예를 들면 '스탠바이미고'와 같은 수납 보관 케이스도 하나의 예가 될 수 있습니다.

전략 집단을 관찰하는 것은 앞서 대안 산업을 보는 것보다 관찰 대상이 좀더 좁혀집니다. 그래서 직접적으로 응용할 수 있는 가치 요소를 발견하기가 용이할 수 있습니다. 아이디어 발산을 위해 내가 속한 영역에만 머무르지 말고 다른 전략 제품군의 경쟁 요소를 적극적으로 찾아보는 노력이 필요하겠습니다.

키워드와 요약

- 동일 집단에서 벗어나 산업 내 전략 그룹별로 분리하여 관찰하라

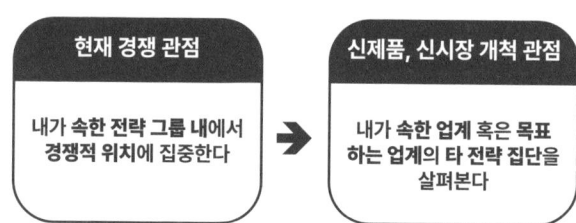

세부 실행 방법

1. 내가 속한 업계 혹은 진출하고자 하는 목표 업계의 전략 집단들을 파악한다.
2. 가장 큰 두개의 전략집단을 선정한다.
3. 각 전략그룹 제품을 구매한 고객을 인터뷰하여 왜 선택했는지, 어떤 점이 타사 대비 차별화 되어 있는지 알아낸다.
4. 동일한 사람에게 내가 속한 전략그룹의 제품을 선택하지 않은 이유를 파악한다.
5. 인터뷰를 통해 나온 인사이트를 기록하고, 특히 고객이 언급한 이유에 집중한다.

[그림 3. 6Paths Framework 중 두 번째 요약(출처: Blue Ocean Shift)]

1-3. 네가 왜 거기서 나와?

: 구매자와 사용자를 관찰한다

　일반적으로 우리는 내가 목표하는 고객인 '구매자'만을 대상으로 제품의 아이디어를 고민합니다. 그러나 **'구매자'뿐만 아니라 직접 혹은 간접적으로 구매 의사결정에 영향을 미치는 사람들**이 있습니다. 이들은 다시 '**구매자 - 사용자 - 영향자**' 라는 계층으로 나눠집니다. 세 고객집단은 각각 제품의 가치를 평가할 때 서로 다른 기준으로 제품을 사용하고 평가합니다.

　기업체에 대량으로 노트북을 공급하는 예를 들어 보겠습니다. 여기서 '**구매자**'는 문자 그대로 주문 발주를 내고 대금을 지불하는 구매부서 책임자입니다. '**사용자**'는 노트북을 이용하여 업무를 수행하는 내부 직원이 되겠습니다. 그러면 '**영향자**'는 누구를 의미할까요? 노트북이 고장이 날 때 수리하거나, 시스템을 업그레이드하는 부서의 직원이 될 수 있고, 회사 내 모든 노트북이 접속되어 있는 클라우드 시스템의 운영 관리자도 '영향자'가 될 수 있습니다.

　비용 절감이 중요한 구매 책임자의 입장에서는 저렴하면서 평균 수준의 성능이 구매 기준입니다. 또한 작업 능률이 중요한 기획부서의 직원 입장에서는 회의실을 이동하면서 업무를 하기에 가벼운 제품이 중요합니다. 만일 고품질의 그래픽 산출물이 중요한 디자인 부서라면 여러 그래픽 프로그램과의 호환성 및 고성능이 떠오릅니다. 마지막으로 신속하게 문제를 해결해야 하는 유지보수 부서라면 노트북의 부품 교체가 용이하고, 쉽고 빠르게 부품을 수급할 수 있는 브랜드가 제일 중요합니다. **이처럼 제품 사용자를 넘어서 이해 관계자로 확장하여 핵심가치를 심도 있게 검토한다면 아이디어 발산**이 좀 더 용이하겠습니다.

쉬운 예를 통해 세 번째 방법을 적용해 보겠습니다. 앞서 '스탠바이미'는 초기 기획 시 젊은 MZ 세대를 타겟으로 검토되었지만 주 고객이 오히려 결혼한 'X세대'가 열광하였습니다. 대부분의 사용 씬은 남편 혹은 아내가 주방과 침실에서 '유튜브'를 보거나 배경음악으로 분위기를 연출하는데 활용합니다. 이 경우는 구매자와 사용자가 일치하게 됩니다.

이 제품을 자녀가 활용하는 상황을 가정해 보면, 어린 자녀에게 교육 프로그램을 보여주고자 합니다. 대부분의 아이들은 채 몇 분도 지나지 않아 지루해서 '유튜브'내 다른 채널을 본다거나, 다른 앱을 이용하는 것을 목격합니다. 이런 경우를 자주 경험하면 부모들이 아이들에게 영상을 보여주더라도 늘 감시를 하게 됩니다.

가정 내에서 이러한 상황을 관찰하면 기획자는 문제 해결을 위한 아이디어를 찾게 됩니다. 가장 일반적인 아이디어로 아이가 터치로 조작을 못하도록 '어린이 보호 잠금'기능을 설정하곤 합니다. 만일 패스워드를 잊어버리는 난감한 상황이 발생하면 어떻게 해결할지 또 고민합니다.

위 방법론을 적용하면 '스탠바이미'의 사용자는 학교를 다니지 않는 어린이입니다. 만일 어린이가 보고 있는 프로그램이 싫증 나서 다른 서비스를 사용하려고 프로그램을 나가려고 할 때 복잡한 사칙 연산의 계산 문제가 나타나서 이것을 풀어야만 프로그램 종료가 되게 만들어 보면 어떨까요? 부모 입장에서는 '어린이 보호 잠금'을 설정하는 행위가 필요 없고, TV에서조차 패스워드를 기억해야 하는 불편함이 해결됩니다. 아직 사칙 연산을 모르는 어린 자녀는 부모가 의도한 대로 끝까지 프로그램을 봐야 할 것입니다.

우리가 아이디어를 도출하기 위해서는 단순히 타겟 고객 자체만 연구할 것이 아니라 그 제품을 사용하는 모든 가족 구성원을 함께 연구해야 합니다. 일례로 인사이트 발굴을 위한 조사 활동인 '홈비짓(Home Visit)'을 수행할 때 인터뷰 대상 이외에도 함께 거주하는 남편, 아내, 자녀 등도 초대합니다. 각각의 대상이 우리가 미처 생각하지 못했던 부분을 언급할 수 있습니다. 이러한 방법은 '모든 구매자와 사용자를 관찰한다'는 원칙에 매우 적합하겠습니다.

키워드와 요약

- 제품의 실제 구매자뿐만 아니라 사용자, 영향을 주는 사람까지 관찰하라

6Paths Framework 3

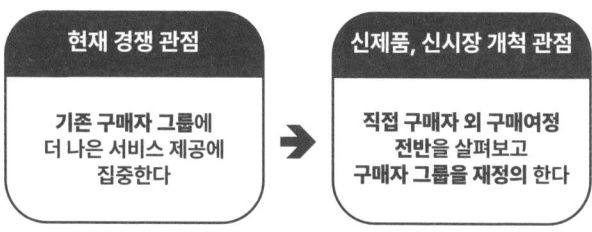

세부 실행 방법

1. 내가 속하거나 목표하는 업계의 구매자 전반을 점검한다. : 사용자, 구매자, 구매영향자
2. 업계 내 주력 구매그룹을 파악한다. 지금까지 무시되었던 구매자들로 관심을 전환한다.
3. 지금까지 목표하지 않았던 구매자 그룹을 인터뷰하면서 그들이 중요하게 생각하는 가치를 알아낸다. 비용과 효용의 가장 큰 부분을 상세하게 파악한다.
4. 동질의 구매자 그룹과 목표하지 않았던 그룹에서 나온 모든 인사이트를 기록한다.

[그림 4. 6Paths Framework 중 세 번째 요약(출처: Blue Ocean Shift)]

1-4. 원샷, 원킬 한방에 끝내기

: 보완 제품과 서비스를 관찰한다

현재 사용 중인 **어떤 제품이나 서비스도 외부 환경의 영향 없이 독립적으로 이용되는 경우는 극히 드뭅니다.** 지하철에서 스마트폰으로 '유튜브'를 시청하기 위해서는 무선 인터넷이 필수입니다. 주변 소리에 방해받지 않으려면 이어폰을 사용합니다. 일례로 어린 자녀가 있는 가족이 새로 개장한 '레고랜드'에서 좀 더 편안하고 즐거운 시간을 보내기 위해서 공원 내부에 있는 호텔을 이용하기도 합니다. 이처럼 하나의 제품 혹은 서비스의 가치는 외부 요인과 상호 영향을 주고받게 되고 이를 통해 더 좋은 경험 혹은 불편한 경험으로 변합니다.

많은 경우에 제공하는 제품 혹은 그 서비스 자체에만 너무 집중하는 경향이 있습니다. **우리는 경쟁 제품의 사양과 서비스를 비교하는데 매우 익숙**합니다. 반면 **제품이 사용되는 과정에서 다른 제품, 주변 환경과 어떤 상호 작용이 일어나는지, 그리고 고객 경험에 영향을 주는 요인은 간과**합니다. 대표적으로 보완 제품 관점에서 제품 아이디어를 잘 활용하는 회사가 바로 '애플'입니다.

스마트폰에 케이블을 이용하여 충전하는 게 보편적일 때 무선충전 기술을 적용하여 쉽고 빠르게 충전하도록 스마트폰 케이스에 마그네틱을 부착합니다. 충전하지 않을 때는 마그네틱 면에 카드를 보관하는 작은 가죽 지갑까지 제공합니다. 태블릿으로 그림을 그리거나 노트 필기를 쉽게 하기 위한 액세서리를 제공하는 것은 누구나 생각합니다. 여기서 '애플'은 다른 방식으로 경험을 제공합니다. 액세서리 제공이라는 단순한 방식에서 한 걸음 더 나아가 '애플펜슬'은 충전과 보관이 쉽도록 마그네틱으로 아이패드에 부착하는 방식을 채택하였습니다. 이러한 인사이트는 고객이 제품을 사용하는 환경에 대한 폭넓은 관찰과 깊은 고민에서 나온 것이라 생각합니다.

수많은 '애플' 제품과 액세서리의 예는 제품 자체만을 더 잘 만들기 위해 노력하는 것뿐만 아니라 제품을 둘러싼 모든 상황을 보다 잘게 나눠서 면밀하게 고객의 행동에 대한 심층적인 연구의 결과라고 생각합니다. 따라서 **아이디어 발산을 위해 대상 제품 자체만 집중하지 말고 시야를 확**

장하여 어떤 보완 제품 혹은 서비스가 추가되면 고객경험이 더 풍성해질 것인지를 고려해야 합니다.

보완 제품을 활용한 아이디어가 적용된 다른 사례는 지난 2022년 출시된 LG 오브제 TV입니다.

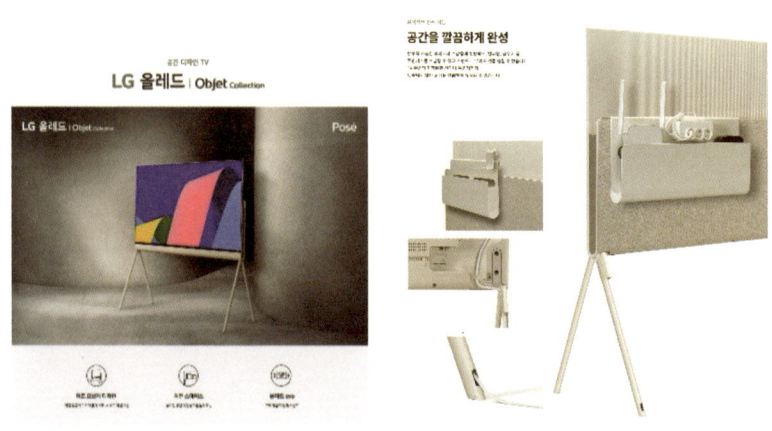

[그림 5. 오브제 TV (출처: LG전자 홈페이지)]

대부분 가정에는 TV 주변에 IPTV 셋탑박스가 있습니다. 인터넷을 사용하는 무선 중계기가 당연히 설치되어 있으며, 때로는 여러 가전 제품을 위해 멀티탭도 함께 사용하게 됩니다. 셋탑박스가 없다면 골프채널의 중계를 TV로 볼 수 없고, 인터넷 중계기가 없으면 '넷플릭스'를 시청할 수도 없습니다. TV 자체는 독립적으로 이용이 불가한 바보상자가 될 뿐입니다. 고객의 사용 환경을 관찰해 보면 TV 자체의 디자인은 아

제 2장 상품 컨셉 구체화

름답지만 주변 기기들 때문에 지저분한 선이 있고 멋진 집안 인테리어가 반감됩니다.

과거에는 단순히 제품 자체의 디자인에 집중하여 세련되게 하였다면 이번에는 그 동안 간과하던 TV 뒷면에 여러 주변기기를 한 번에 수납할 수 있는 공간을 마련함으로써 고객의 문제점을 해결하게 되었습니다. 더불어 뒷면의 수납공간은 자주 보는 책이나 잡지, 인테리어 소품들을 보관하는 용도로도 사용할 수 있습니다. 이는 **TV를 시청하지 않을 때에도 이 제품이 거실에 있는 이유를 스스로 증명**하게 된 것입니다.

아이디어의 발산은 결코 쉽지 않지만 앞의 예처럼 제품이 사용되는 전반적인 과정과 주변 환경, 상황 속에서 보다 폭 넓게 관찰하고 사고하면 훨씬 풍성하고 참신한 이이디어가 만들어질 것입니다.

키워드와 요약

- 함께 이용되는 보완적인 제품과 서비스를 관찰하라

6Paths Framework 4

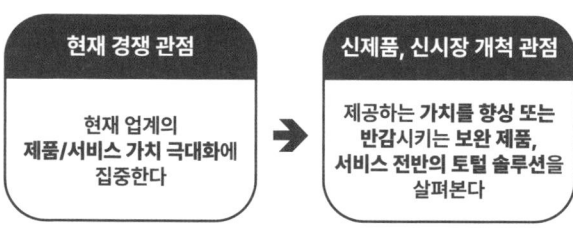

세부 실행 방법

① 제품/서비스를 사용하는 목적과 실제 환경을 사용 전, 중, 후로 나눠서 살펴본다.
② 고객이 실제 사용하는 모습을 관찰하면서 기존에 종종 무시했지만 빈번하게 이뤄지는 중요한 부분을 기록한다.
③ 구매 효용 지도(Buyer Utility Map)을 사용하여 정리하고, 비고객도 함께 고려한다.
④ 모든 인사이트를 기록한다.

[그림 6. 6Paths Framework 중 네 번째 요약(출처: Blue Ocean Shift)]

1-5. 감성과 이성의 만남
: 기능적 혹은 감성적 가치 요소를 관찰한다

    시장에서 우리 제품과 서비스를 소개할 때 제품의 외형 디자인처럼 감성적인 특성을 내세우거나 혹은 객관적인 성능과 같은 기능적인 부분을 강조합니다. 이번에 다룰 다섯 번째 요소는 기능적 요소와 감성적 요소를 동시에 고려하는 아이데이션 방법입니다.
    코로나를 겪으며 집 안에서 생활하는 시간이 늘게 되면서 각광받은 가전제품이 있었습니다. 바로 신이 내리 제품이라는 의미로 '3신 가전'이라 불리는 건조기, 식기 세척기, 로봇 청소기입니다. 이 제품들은 가사 노동 시간을 획기적으로 줄여줌으로써 우리에게 시간적 여유를 주고 보다 창의적인 활동을 하도록 해 주었습니다. 이와 같이 고객의 시간과 노력을 절감하는 기능적인 가치가 매우 중요한 제품이 있는 반면 감성적인 가치가 더욱 의미 있는 제품도 있습니다.

앞서 '3신 가전'처럼 기능적인 역할에 더해 인간의 감성을 자극하는 디자인적 요소 혹은 아날로그 터치가 가미된 것을 주변에서 많이 볼 수 있습니다. LP 음반을 재생하는 복고풍의 오디오 제품이 있습니다. 겉모습은 투박하고, 과거의 향수를 불러 일으키지만 기술적인 부분은 최신의 디지털 기술이 가미되어 무선 헤드셋에 연결하여 선 없이 음악을 감상할 수도 있습니다.

'애플워치'의 디지털 크라운(용두)을 떠올려 보십시오. 기존 스마트 워치들은 혁신적인 기술을 부각하기 위해 외부의 물리적인 버튼을 없애거나, 심플하고 콤팩트한 형상을 강조했습니다.

[그림 7. 애플 워치 크라운 (출처: 애플 홈페이지)]

 반면 '애플'은 다른 방향으로 접근했습니다. 시장에서 첨단 기술이 부각될 때 제품을 사용하는 인간의 아날로그적인 감성을 자극합니다. 과거의 손목 시계에 있던 전형적인 크라운을 과감하게 부각시킨 것입니다. 물론 고객 경험 측면에서 크라운 휠을 이용하면 손쉽게 메뉴를 탐색하는 편리한 사용성을 제공함으로써 기능적인 장점이 있습니다. 게다가 누구에게나 친근한 크라운을 쥐고 돌리는 행위 자체가 이미 기능적인 가치를 넘어서 감성적인 터치가 가미된 것으로 보여집니다.
 반대로 관계에 기반한 고객 서비스가 중요한 분야도 있습니다. 기존에는 보험사 직원과 직접 통화하고 대면으로 보험을 계약하거나 보험금을 청구하는 일련의 과정이 있었습니다. 최근에는 스마트폰 앱을 이용하여 상품을 가입하고, 진료비 내역서 등과 같은 서류를 사진을 찍어 첨부하기만 하면 바로 보험금 청구과정이 마무리됩니다. 이는 인간적 관계를 토대로 하는 감성 기반 서비스들을 어느 순간 저비용의 편리한 기능적인 서비스로 변환시킨 것입니다.

이처럼 **기능적인 요소에 감성을 강조하는 것과 반대로 감성적인 요소에 기능을 접목하는 방법으로 생각의 축을 뒤집어 보기** 바랍니다. 최첨단 고성능을 강조하는 시대에 고객의 오감을 자극하는 아날로그적인 느낌을 찾아보는 것입니다. 모두가 디지털의 편리함에 익숙해져 펜으로 글을 쓰는 게 아주 낯선 오늘날, 퇴근 후 무의식적으로 TV를 켤 때 가족 누군가의 손 글씨 메모가 잔잔한 음악과 함께 표시된다면 버튼을 누르는 단순한 행위에서 감성적인 경험으로의 전환을 체험하게 될 것입니다

여러분의 제품과 서비스에서 무엇이 핵심 경쟁요소인지 점검해봅니다. **효율성과 편리함, 정확성이 중요했다면 감성적인 터치를 가미**해 보십시오. 반대로 **고객과의 밀접한 교류에서 형성된 유대감, 편안힘, 안정감과 같은 감성적인 요인이 핵심 경쟁요소였다면 무엇을 기능적인 요소로 대체할 수 있을지 탐색**하기 바랍니다. 기능과 감성의 두 축을 번갈아 가며 사고하면 아이데이션 워크샵이 훨씬 더 재미있고, 구성원들도 적극적으로 참여할 것입니다.

키워드와 요약

- 제품의 기능적 – 감성적 요소를 재 관찰하라

6Paths Framework 5

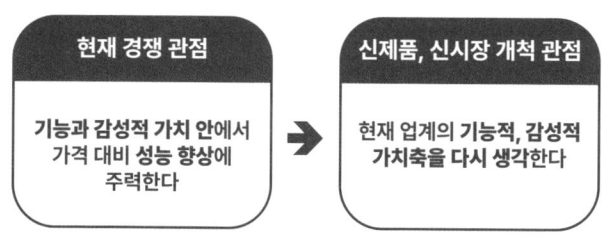

세부 실행 방법

1. 현재 업계의 경쟁의 축이 기능적인 가치인지 감성적인 가치인지 파악한다.
2. 고객과 비고객이 현재 업계를 어떤 단어로 표현하는지 인터뷰를 진행한다.
3. 각각의 반응을 동일한 내용으로 그룹핑하여 공통점을 찾는다.
4. 감성적 ↔ 기능적 관점을 서로 바꿔보면서 어떤 것들이 가능할지 밝혀낸다.
5. 찾아내 인사이트 모두를 기록한다.

[그림 8. 6Paths Framework 중 다섯 번째 요약(출처: Blue Ocean Shift)]

1-6. 트렌드와 유행은 평등하지 않다

: 미래 변화 트렌드를 관찰한다

시간이 흐름에 따라 거의 모든 산업, 제품 및 서비스는 외부 환경 변화에 영향을 받게 됩니다. 이는 기술 발전, 경쟁 구도, 고객 취향, 정치 경제적 요인 등이 지속적으로 진화하고 상호 작용하기 때문입니다. 페이스북, 인스타그램 같은 소셜 네트워크의 등장, 탄소배출 저감, 기업의 사회적 책임, 지배구조의 투명성을 강조하는 ESG등 이슈는 마케팅과 경영의 최신 화두입니다. 마지막 여섯 번째 주제는 이처럼 새로운 트렌드의 등장이 신규 사업기회를 제공할 때 현재의 제품과 서비스는 어떻게 대응하고 진화해야 하는지 살펴보겠습니다.

우리는 한 순간 반짝하고 사라지는 단기적 유행이 트렌드라고 오해하기도 합니다. 몇 해 전 한 번뿐인 인생에서 현재 자신의 행복을 가장 중요시 생각하며 지출한다는 '욜로'(You Only Live Once)가 최근에 다시 언급되는 사례를 찾아보기 어렵습니다. 따라서 잠깐 스쳐 지나가는 유행일 지 모릅니다. 2021년 암호화폐가 다시 부상하던 시기에 뉴욕 '크리스티' 경매장에서 6930만불에 팔린 '비플'의 5000개 디지털 이미지 작품인 '매일;첫 5000일(Everyday; The First 5000 Days)'의 NFT 아트 역시 지금은 언론의 주목을 받지 못하고 있습니다. 어쩌면 비대면 코로나 시기에 온라인 상의 소동으로 인식될 지 아니면 언젠가 다시 트렌드로 부상할 지 아무도 모릅니다.

[그림 9. Everyday: the first 5000 days (출처: NFT Newspro)]

이와 같이 수많은 사회, 경제적 이슈가 나타나고 사라지는 과정에서 현재 관찰된 현상이 단기적 유행인지 장기적인 트렌드인지 다음 3가지 기준으로 판단해 볼 수 있습니다. 트렌드는 첫째, **변화의 방향이 명확한 궤도**를 갖습니다. 전기자동차를 예로 들면 2023년 전 세계 신차 판매 중 전기차 비중은 18% 내외이고 향후 꾸준히 증가할 것입니다. 특히, 스웨덴과 같은 북유럽 국가의 경우 이미 38.7%의 높은 전기차 비중을 보여주고 있습니다. 이는 곧 타 국가들도 지속적으로 증가할 것이라는 예측이 가능하겠습니다.

둘째, **비가역적**입니다. 한 번 이 방향으로 움직이면 되돌릴 수 없어야 합니다. 대표적으로 친환경이라는 화두가 나온 순간 환경에 위배되는 과거로의 회귀는 불가능합니다. 전기차 비중이 증가할 거라는 명확한 근거는 화석연료 대비 친환경이라는 인식이 이미 자리잡았기 때문입니다. 일례로 우리나라도 경유를 이용하는 시내버스가 점점 전기버스로 대체됨을 목격합니다.

마지막으로 내가 속한 **사업에 결정적인 영향을 미치는 것**만이 우리는 트렌드라고 평가합니다. 생성형 AI의 등장이 인터넷 검색, 교육, 코딩, 이미지 생성 분야에서 활용되고 있고, 내가 속한 산업에 영향을 미친다면 이는 명확한 트렌드인 것입니다. 네이버 '클로바노트'를 사용하면 회의 내용을 자동으로 요약해줌으로써 작성 시간을 절감하고 보다 생산적인 일에 더 많은 시간을 할애하게 해줍니다.

우리가 **새로운 제품과 서비스를 구상할 때 트렌드를 나열해 보고 그 중 무엇이 우리 제품과 서비스를 개선하는데 유용할 지 판단**해야 합니다. 최근 지구온난화 때문에 사계절 구분이 흐릿하고 날씨의 변동폭이 매우 큽니다. 이에 대응하여 환경보호를 위해 불필요한 내용물을 줄이고 친환경 소재를 이용하는 회사들이 많습니다. '애플'은 이미 모든 박스에 100% 재활용이 가능하도록 종이만 사용합니다. 신제품 발표 시에도 항상 ESG 관점의 기술 적용을 강조합니다. 삼성 TV는 솔라 패널을 후면에 부착한 충전식 리모콘을 적용하여 일회용 배터리 사용을 줄였습니다. 단기적으로 비용은 상승하지만 장기적으로 기업 이미지를 제고하면서 **친환경이라는 거스를 수 없는 트렌드**를 진정성 있게 추진하며 고객 가치를 향상하고 있는 것입니다.

트렌드를 활용한 아이디어 발산법을 응용해보면 창의적이고 실천적인 아이디어를 도출할 수 있습니다. 대한민국의 인구 구조상 향후 10년

이내 70년대 초반에 태어난 세대가 대거 은퇴하게 됩니다. 이는 나이는 60대이지만 활발한 여가생활을 즐기고 자기를 가꾸는 액티브시니어 층이 급격히 증가함을 의미합니다. 인구 변화 트렌드가 반영된 새로운 제품을 기획한다면 그들에게 적합한 제품과 서비스 경험을 다양하게 생각해 볼 수 있습니다.

시력이 저하되니 글자 크기가 크고 눈이 편안한 블루라이트 저감 화면이 필요합니다. 나이가 들수록 고주파 대역의 청취력이 저하됩니다. 영화나 뉴스 진행자의 대화 속 고음을 강조하여 도드라지게 들리는 스피커 등을 탑재할 수도 있고, 인공지능 기술이 실시간으로 자막을 생성하여 보여줄 수도 있을 것입니다. 그리고 건강에 관심이 많은 고객을 위해 '약 복용 안내', '홈 피트니스'와 같은 앱을 쉽게 사용할 수 있도록 TV 메뉴를 구성합니다. 이처럼 **인구 구조 변화 트렌드** 만으로도 새로운 고객 층에 적합한 아이디어가 떠오를 겁니다.

앞서 '기회탐색-기술편'에서도 언급했듯이 **생성형 AI 트렌드**는 2022년부터 급격히 떠오르고 있습니다. 미국에서는 '오픈 AI'의 '챗 GPT'를 이용하여 수업 과제나 에세이를 쓰기도 하고, 구글에서 개발한 '제미나이(Gemini)'가 수학문제를 풀고, '챗 GPT'보다 성능이 뛰어나다는 등 인공지능 얘기가 여기저기서 들립니다. 우리도 새로운 혁신적인 제품 아이디어를 만드는데 생성형 AI를 주제로 브레인스토밍을 하는 것도 재미있는 아이디어 발산법입니다. 기술 구현성은 차후에 고민하고 새로운 제품과 서비스에 인공지능 기술을 적극 활용하는 모습을 상상하면 우리의 서비스는 한 단계 더 진화할 거라 믿습니다.

모든 트렌드가 내가 경쟁하는 산업에 직접적인 영향을 미치지 않더라도 작은 미풍이 어느 순간 태풍이 되어 다가올 지 모릅니다. **인구, 환경, 기술 등 변화의 길목**에서 항상 깨어 있는 기획자가 되어야 합니다.

키워드와 요약

- 시간의 흐름에서 외부 트렌드를 관찰하고, 새로운 가치를 제안하라

6Paths Framework 6

세부 실행 방법

1. 산업에 결정적인 영향을 미치는 3~5개의 트렌드를 파악한다.
2. 여러 트렌드 중 현재 업계와 관련성 있는 것을 토론과 평가로 선정한다.
3. 여러 트렌드 중 비가역적인 것을 토론과 평가로 선정한다.
4. 여러 트렌드 중 명확한 궤적을 가지고 진화하는 것을 토론과 평가로 선정한다.
5. 위 과정을 거쳐 선정된 트렌드를 나열하고, 고객가치와 비즈니스 모델에 향후 어떻게 영향을 미칠 것인지 기술한다. 마지막으로 찾아낸 인사이트를 모두 기록한다.

[그림 10. 6 Paths Framework 중 여섯 번째 요약(출처: Blue Ocean Shift)]

지금까지 아이디어 발산을 잘 하기 위한 '6 패스 프레임워크'를 소개하였습니다. 여섯 가지의 관점은 미처 깨닫지 못했던 사실을 찾아내고 아이디어 고도화에 촉매제로 활용될 것입니다. 글을 쓰거나 그림을 그리는 등의 창작과정은 깊은 고민과 축적의 시간을 거친 후 명작이 나옵니다. **기획자가 겪는 아이데이션 과정 또한 창작의 과정**이라고 말하고 싶습니다. 따라서 아이데이션 활동은 짧은 시간에 높은 집중력과 많은 노력이 필요한 단계이며 팀원간의 효과적인 커뮤니케이션이 필수적입니다.

혼자가 아닌 팀 구성원 모두와 함께 즐거운 여정으로 한층 더 발전되기를 기대하면서 '컨셉 아이데이션' 부분을 마칩니다.

2
아이디어 첫걸음 떼기

　고객, 기술, 시장의 변화 속에서 기회영역을 탐색하고, 6가지 패스를 적용하여 수많은 아이디어를 발산, 수렴 하였습니다. 이제는 **아이디어 시각화 단계로써 정제된 고객의 언어로 핵심가치와 주요 사양을 한 눈에 파악할 수 있는 컨셉 보드 작성**에 대해 알아보겠습니다. 한 장의 요약된 자료는 짧은 60초 이내에 핵심만 전달하는 엘리베이터 스피치처럼 강력한 효과를 발휘합니다. 또한 제안된 컨셉을 평가하는 모든 이해관계자들과 효율적인 커뮤니케이션 수단으로 이용됩니다. 이와 같이 파급력이 큰 컨셉 보드는 텍스트와 이미지로 구성된 것부터 사용자가 체험할 수 있도록 인터랙티브한 요소를 추가하여 프로그램화 된 것도 있습니다. 제품 디자이너, 인터랙션 디자이너와 협업하여 가상현실이나 증강현실 기술을 활용한다면 사용자가 컨셉을 보다 생생하게 체험할 수도 있습니다. 또한 비디오, 애니메이션, 오디오 등 다양한 멀티미디어 요소가 가미되면 컨셉을 보다 생동감 있고 흥미롭게 전달할 수 있습니다. 이번 장에서는 아이데이션 초기 단계에서 쉽고 빠른 활용을 위해 텍스트와 이미지로 이뤄진 시각화 자료에 대해 살펴봅니다.

2-1. 상상에서 현실로

: 컨셉 시각화

 다음은 저자가 핀란드에서 진행된 교육 프로그램에 참석하여 제안했던 '북유럽 고객 대상의 신제품 아이디어' 예시입니다. 짧은 시간 내에 아이디어를 발산하고 시각화하여 컨셉 완성도를 평가하는 수업이었습니다. 아이디어 도출배경은 북유럽 사람들은 여름이 무척 짧기 때문에 해가 있는 화창한 날씨에는 야외 공원에서 음악을 듣거나 책을 읽으며 일광욕을 즐기는 게 일상입니다. 그리고 은퇴 후에는 요트를 타거나, 캠핑을 하는 등 여유로운 시간을 보내고 있었습니다. 이와 같이 고객 관찰을 기반으로 팀 멤버들과 함께 아웃도어, 피크닉 등을 키워드로 브레인스토밍 결과 흥미로운 아이디어를 컨셉 보드로 변환하였습니다.
 제품 컨셉은 '친환경 주크박스 쿨러'로서 야외 어디에서든 시원하게 음료를 저장할 수 있고 음악도 간편하게 즐길 수 있는 컨버전스 제품입니다. 제품 상판에는 솔라패널이 부착되어 별도 전원이 없어도 항상 최적의 쿨링 컨디션을 유지합니다. 제품 컨셉을 시각화하면 아래 [그림 11]과 같으며, 함께 설명된 요소들이 포함되어야 하겠습니다.
 컨셉의 시각화에 스토리텔링 요소를 강화하는 것도 효과적입니다. 제품이나 서비스가 실제 생활에서 어떻게 사용될지 이야기를 구성하여 함께 제시하면 컨셉이 제공하는 가치와 경험을 보다 명확하게 전달할 수 있습니다. 사용씬에 대한 스토리텔링은 등장인물인 고객이 누구이고, 어떤 환경과 상황에 처해 있는지 주변 맥락이 상세하게 설명되어야 합니다. 이후 직면한 문제 해결을 위하여 컨셉 제품을 활용하는 과정을 담은 스토리가 전개될 때 제품에 대한 이해가 높아집니다. 더불어 누구나 공감할 수 있는 상황이 함께 제시될 때 이해 관계자의 긍정적인 반응을 이끌어 낼 수 있습니다.

[그림 11. 고객가치, 목표 고객, 핵심 기능을 표현]

⑤ How it Works

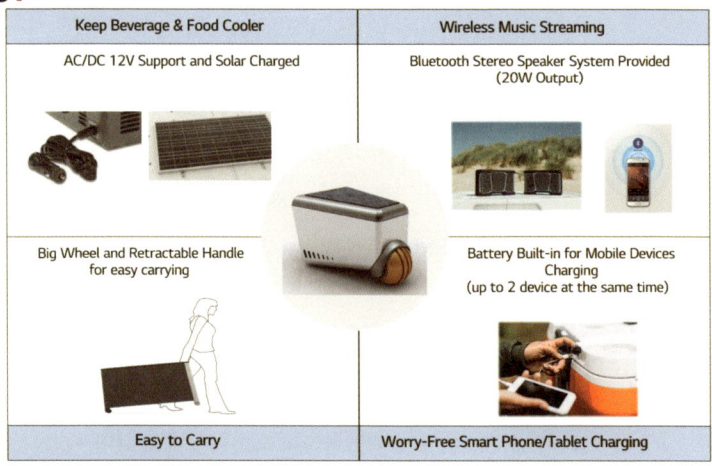

[그림 12. 고객 핵심 사용씬]

컨셉 보드의 핵심 요소는 목표고객, 핵심가치, 주요 기능, 고객 사용씬입니다. [그림 11]에서 (1)은 컨셉을 한 문장으로 설명하는 메시지입니다. 따라서 간결해야 하며 마치 광고 슬로건처럼 임팩트가 있어야 합니다. (2)는 **컨셉을 통해 고객이 얻는 효용과 가치**를 기술합니다.

다음 문구들을 참고하면 고객가치를 명확히 정의할 수 있습니다. '새롭고 참신하다', '제품 성능이 우수하다', '나에게 꼭 맞춤이다', '미적으로 아름답다', '주변 인테리어와 어울린다', '가격이 저렴하다', '가격이 합리적이다', '비용이 절약된다', '선택의 어려움이 없다', '불확실성이 줄어든다', '언제 어디서든 빠르게 이용한다', '사용이 쉽고 편리하다'.

'사용할 때 유쾌하고, 즐겁다' 등등, 위 단어들을 활용하면 컨셉의 핵심 고객가치를 다양하게 전달할 수 있습니다.

(3)은 컨셉을 구성하는 핵심 기능, 즉 제품 사양입니다. 최대한 객관적이고 측정 가능하게 표현합니다. 필요시 예상 출시 일정과 가격도 표시합니다. (4)는 제품이 목표로 하는 고객에 대한 설명입니다. 앞서 '기회 발굴-고객편'의 페르소나에서 소개된 인구통계학, 고객행동 특성, 라이프스타일 등이 표현되어야 합니다. 또한 목표 고객으로 주 고객과 보조 고객을 정의함으로써 목표 시장의 확장성도 고려합니다.

[그림 12]는 컨셉 제품의 핵심 사용씬입니다. [그림 11]에서 단순한 글로 설명된 **컨셉이 실제로 어떻게 활용되는지 스토리를 포함하여 시각적으로 표현**합니다. 이를 통해 듣는 사람이 동일한 사용씬을 상상함으로써 쉽게 이해할 수 있습니다. 또한 컨셉 발굴 초기 단계는 아직 제품 디자인을 시작하기 전이므로 컨셉에 대한 피드백을 받을 때 컨셉 보드의 [그림 11]이 유용하게 사용됩니다. 사용씬의 핵심 메시지에는 앞서 정의한 고객가치가 구체적으로 설명이 되어야 합니다.

[그림 11]에서 'Easy to Carry(손 쉽게 운반이 가능하다)'고 정의한 고객가치는 [그림 12]의 좌측 하단처럼 제품에 손잡이와 바퀴가 있어 고객이 손으로 들고 이동할 수 있는 디자인으로 표현됩니다.

컨셉을 쉽고 간결하게 표현하는 핵심 요소를 살펴봤습니다. 평소 우리는 본인이 알고 있는 전부를 설명하려고 세세한 것까지 서술하는 경향이 있습니다. 때로는 장황하고 불필요한 내용들이 핵심을 파악하는 데 오히려 혼란만 가중시킵니다. **기획자의 역할은 어렵더라도 핵심 내용만 설득력 있게 전달하는 것임을 잊지 말고 컨셉의 본질을 몇 마디 글과 시각적인**

방법으로 설명하는데 **노력**을 기울여야 하겠습니다.

키워드와 요약
───────────

- 컨셉의 핵심 요소는 목표 고객, 핵심 가치, 주요 기능, 고객의 사용씬으로 구성된다

- 컨셉의 시각화 및 스토리텔링 요소를 강화한다

2-2. 무엇부터 손댈까?

: 아이디어 우선순위 평가

　아이디어 발상과 컨셉 시각화 과정을 거쳐 정제된 컨셉들은 고객의 문제를 해결하고 잠재 니즈를 충족할 만큼 충분히 고도화되었습니다. 제안된 모든 컨셉들을 개발하면 좋겠지만 현실은 제한된 인력, 비용, 시간으로 인해 제약을 받습니다. 이 상황에 이르면 어떤 기준으로 컨셉 우선순위를 선정할지 고민하게 됩니다.

　컨셉 발굴을 주도한 리더가 과거 경험과 직관에 따라 결정할 수도 있습니다. 해당 분야에 대해 경험이 많지 않거나, 새로운 분야로써 불확실성이 높다면 의사결정자도 리스크에 대한 부담감이 많습니다. 만일 관련 부서 인원이 모두 참여하여 평가한다면 공통의 기준이 마련되어야 합니다. 그러므로 **객관적인 평가를 위해서는 누구나 공감할 수 있는 지표를 사전에 명확히 정의해야** 합니다.

　그 평가 지표는 아래 [표 1]과 같이 **고객가치 측면과 사업적 측면**으로 크게 2가지로 나눠집니다. 컨셉 평가의 시작은 고객으로부터 시작합니다. 컨셉 제품을 구매할 **목표 고객이 명확하게 정의**되어 있고 기꺼이 **고객 가치를 제공**하는지를 함께 평가합니다. 고객이 가지고 있는 문제를 제대로 파악하고 해결하는 솔루션이라면 고객은 기꺼이 지갑을 열어 구매할 것입니다.

　다음은 사업적 가치를 평가하는 4가지 지표입니다. **아이디어의 독창**

성, 성장 가능성, 잠재적 경쟁자로부터 **진입장벽 구축**, 마지막으로 이를 구현할 **내부역량 보유 여부**입니다. 첫 번째와 두 번째 지표는 신사업 관점에서 새로운 시장의 창출과 사업의 성장을 점검합니다. 세 번째는 신상품 출시 후 모방제품이 나오는 것을 대비하여 기술과 디자인 특허로 방어해야 합니다. 마지막으로 아무리 탁월한 아이디어라도 구현할 수 있는 내부, 외부 역량이 없거나 부족하다면 컨셉의 탁월함이 퇴색하게 됩니다. 특히, 기술 역량은 오픈 이노베이션을 통하여 외부 자원을 활용하여 확보 가능하지만 영업 역량은 단기간에 확보가 어려워 자원의 꾸준한 투입과 인원 확보가 필요합니다.

고객 가치	① 목표고객은 명확한가?	5점: 목표 고객이 명확하고 구매력이 있음 3점: 목표 고객이 명확 1점: 목표 고객이 불명확
	② 고객의 문제를 해결하거나 또는 경험한 적 없는 새로운 가치를 제공하는가?	5점: 획기적 고객가치 제공 3점: 기존, 경쟁 솔루션 대비 우수한 가치 제공 1점: 기존, 경쟁 솔루션 대비 유사수준의 고객가치 제공
사업적 가치	③ 신규 사업 군으로 확장 및 수요 창출이 가능한가?	5점: 유사제품, 대체재가 없음 3점: 유사제품이 없고, 대체재가 있음 1점: 유사제품, 대체재가 있음
	④ 사업의 성장 가능성은 있는가?	5점: 연평균 성장률(CAGR) 30% 이상 3점: 연평균 성장률(CAGR) 10% 이상 1점: 연평균 성장률(CAGR) 5% 미만
	⑤ 차별화 된 역량으로 진입장벽(기술/디자인/사용성)구축이 가능한가?	5점: 기술, 디자인, 사용성 등 전분야에서 진입장벽 구축 3점: 기술, 디자인, 사용성 등 제한적 진입장벽 구축 가능 1점: 진입장벽 구축이 어려움
	⑥ 기술, 영업 등 사업역량 확보는 용이한가?	5점: 기술, 영업 등 내부역량으로 구현, 판매 가능함 3점: 기술, 영업 등 제한된 역량만 보유함 1점: 역량을 보유하지 않음

[표 1. 컨셉 우선순위 평가 질문 예시]

위 컨셉 평가에는 한 두 사람이 아닌 **기획, 마케팅, 영업, 개발 등 이해당사자 모두가 참여**해야 합니다. 그리고 평가 결과에 대해 집단 지성을 발휘하여 각 항목별 토론으로 우선순위를 확정 혹은 조정해야 합니다. 앞서 고객가치에 2가지 지표가 있는 반면 사업적 가치는 4가지 지표가 포함되어 있습니다. 우리 사업에서 중요하게 생각하는 고객 지표에 대해서는 보다 높은 가중치를 부여할 수 도 있습니다. 이렇게 각 지표에 대한 평가 점수와 가중치를 고려한 평균 점수를 각 컨셉 아이디어별로 산출하면 어떤 아이디어에 중요한 자원을 투입해야 하는지 명쾌하게 정리가 될 것입니다. 이제는 최종 의사결정을 받기 위한 마지막 퍼즐인 고객의 컨셉 평가를 살펴보겠습니다.

키워드와 요약

- 아이디어의 객관적 평가를 위한 지표가 정의되어야 한다

- 평가 지표는 고객가치와 사업적 가치를 함께 포함해야 한다

- 고객가치 지표는 목표 고객 정의, 고객가치 제공 여부이며 사업적 가치 지표는 시장성, 성장성, 차별화, 역량확보를 통한 실현 가능성이 있다

3
아이디어 갓 탤런트

아이디어를 발굴하고 컨셉을 정교화한 후 우선순위를 선정하고 나면 상품화 여부를 확정하기 위해 고객 검증 결과가 필요합니다. 고객 선호도와 지불 가치를 파악하는 고객 수용성과 경쟁력 평가를 토대로 최종 의사결정자를 객관적으로 설득해야 합니다. 이 단계가 바로 창작의 고통을 거쳐 탄생한 컨셉이 최초로 고객과 마주하는 단계로서 기획자는 마치 성적표를 기다리는 심정이 됩니다. 이번 장의 마지막 부분인 오프라인으로 진행하는 그룹 서베이에 대해 알아봅니다.

먼저 정확한 고객 조사 실시를 위한 조사 기획이 프로세스에 맞춰 사전에 준비되어야 합니다. **조사 프로세스는 검증할 가설 수립, 검증 시장 및 고객 정의와 리쿠르팅, 조사 설문지 및 인터뷰 가이드라인 작성, 마지막으로 현장 실사** 순으로 진행됩니다. 실사를 제외한 모든 일이 조사 실시 이전에 완료되어야 합니다.

가설 수립은 금번 조사를 통해서 기획자가 알고 싶고, 검증하고 싶은 것을 모두 나열합니다. '스탠바이미'로 예를 들면 '기존 TV, 모바일 기기와 사용경험이 다를 것이다' 라는 가설을 수립하면 검증해야 할 질문들이 무수히 도출됩니다. 언제, 어디서, 어떻게 관점에서 '누구와 함께 사용할 것인지?', '어느 장소에서 주로 사용할 것인지?', '운동, 식사, 요리 준비, 지인과 차 마시기 등 어떤 상황에서 주로 사용할 것인지?' 등 다양한 질문들이 이어집니다. 고객으로부터 위 가설들을 검증하는 단계를 거칠수록 신제품에 대한 고객 경험이 더욱 뚜렷하게 향상됩니다.

고객 수용성 조사에서 가장 중요한 부분은 조사 대상의 선정입니다. 컨셉 기획 당시 목표 고객이 정의되어 있지만 소득 수준, 주거 형태, 라이프스타일 성향 등 사전 조건 모두를 충족하는 대상의 확보에 시간이 많이 소요됩니다. 따라서 충분한 사전 리쿠르팅 시간이 필요합니다.

극단적인 사례로 신제품의 목표 고객이 '소득상위 1%인 전문직이면서 홈 인테리어에 대한 관심이 높다'라고 가정해봅시다. 이러한 고객층은 조사업체 인터뷰 풀에 등록되어 있을 확률이 매우 낮고, 설령 있더라도 여유시간이 많지 않아 그룹 인터뷰에 여러 명이 참석하는 것은 매우 어렵습니다. 이처럼 특수한 경우에는 간접적인 방법으로 고객의 성향과 니즈를 파악할 수 있습니다. 고소득층이 자주 방문하는 고급 가구점, 명품숍 매니져, 럭셔리 매거진 편집장, 인테리어 디자이너 등 목표 고객과 교류가 많고 고객에 대한 이해도가 높은 사람을 선별하여 진행하는 방법도 있습니다.

실제 조사를 진행할 때도 앞서 컨셉 우선 순위를 평가하듯이 **객관적인 평가 지표**들이 있습니다. 상품화 확정 회의 시 의사결정자가 관심 있어 하는 부분은 과연 **'컨셉이 매력적인가?' '구매의향이 얼마나 되는가?'** 마지막으로 '지불의향 가격은 얼마인지?' 세 가지입니다. 따라서 위 세 가지를 고객 수용성 평가를 통해 파악해야 합니다.

다음 [표 2]는 위 세 가지의 답을 구하는 핵심 질문입니다. 각각의 답변을 하기 전에 제품 컨셉에 대해 디자인 목업, 동영상, 컨셉보드 등 여러 방법으로 잠석사에게 설명을 해야 합니다. 정량적인 평가가 완료된 후에는 고객이 왜 그렇게 평가했는지 구체적인 이유도 추가해야 합니다. 예를 들면 '컨셉의 어떤 점이 좋은지', '차별점은 무엇인지', '왜 그렇게 생각하는지', '개선할 점은 무엇'이고 마찬가지로 '왜 그렇게 생각하는지'가 해당됩니다. 모든 질문은 '예', '아니오'의 단답형이 아닌 개방형 질문이 되어야 합니다. 검증과정에서 파악된 고객의 소중한 피드백을 활용하면 컨셉을 개선할 수 있는 아이디어를 얻을 수 있습니다. 그리고 상품화 확정 회의체에서 의사결정자에게 고객의 생생한 목소리를 전달함으로써 컨셉 매력도를 설득하는데 유용하게 활용됩니다.

선호도	① 귀하께서는 방금 보신 컨셉에 대해 얼마나 선호합니까?	7점 : 매우 선호한다 4점 : 보통이다 1점 : 전혀 선호하지 않는다
차별성	② 귀하께서는 방금 보신 컨셉이 얼마나 차별적이라고 생각합니까?	7점 : 매우 차별적이다 4점 : 보통이다 1점 : 전혀 차별적이지 않다
구매 의향	③ 귀하께서는 방금 보신 신제품이 출시된다면 구매할 의향이 얼마나 있습니까?	7점 : 가격이 비싸더라도 반드시 구매하겠다 4점 : 보통이다 1점 : 아무리 싸더라도 구매할 생각이 전혀 없다
지불의향 가격 파악	④ 얼마 정도면 너무 저렴해서 품질이 걱정된다고 느끼나요?	최소 가격 : (　　　　) 원
	⑤ 얼마 정도면 '비싸서 못 사겠다' 라고 느끼나요?	최대 가격 : (　　　　) 원

[표 2. 컨셉 고객 평가 핵심 질문 예시]

추가로 오프라인 대면 조사 이외 **단기간에 많은 고객 반응 수집을 위해 온라인 서베이도 진행**합니다. 온라인 조사 플랫폼으로 국내는 '오픈 서베이', 해외는 '서베이 몽키'와 같은 업체를 활용하면 적은 비용으로 진행할 수 있습니다. 하지만 출시 이전 제품이라면 온라인 조사 진행 시 정보 유출 등의 우려가 있어 피하는 것이 좋습니다. 대신 이미 출시된 제품의 개선점과 출시 후 고객 반응을 정량적으로 평가하는데 온라인 조사를 유용하게 사용할 수 있습니다

최근 들어 고객과 함께 **신규 컨셉을 개발하기 위한 워크샵 형태의 고객 검증이 유용**하게 이용됩니다. 특정 고객조사 집단을 직접 구축하여 필요할 때 마다 빠르게 평가하고, 의견을 수렴하여 개선해 나가는 것입니다. 젊은 대학생 혹은 MZ세대 1인가구로 커뮤니티를 구성하거나, 스마트홈 등 사물인터넷 등에 관심 많은 얼리어댑터 성향을 갖는 고객 등 제품의 목적에 맞게 그룹을 꾸린 후 1년여 동안 운영합니다. 동일한 고객 집단이기 때문에 컨셉의 구체화가 진행될 때마다 검증을 거치면 제품 선호도의 변화를 꾸준하게 모니터링 할 수 있습니다. 또한 참여자 또한 본인의 의견이 긍정적으로 반영되어 제품이 개선됨을 목격할 때 활동에 대한 보람도 느끼고 출시 후 해당 제품의 서포터즈로서 활약도 기대됩니다.

지금까지 컨셉에 대한 고객반응을 평가하는 방법을 살펴봤습니다. 물론 위에 설명한 활동만으로 고객반응이 모두 수집되었고, 검증이 완료됐다고 할 수는 없습니다. 추가적으로 컨셉을 구성하는 핵심 기능도 상세히 평가해야 하고, 만일 동작하는 프로토타입이 있다면 고객의 생활환경에서 어떻게 사용하는지 실사용 필드 테스트와 정성적인 인터뷰를

함께 진행해야 합니다. 이 모든 과정의 **목적은 상품화 확정 단계에서 의사 결정을 얻어내고 자원을 확보하기** 위함입니다. 즉 고객조사를 왜 진행하고, 결과를 어디에 활용할 것인지 항상 상기해야 하겠습니다.

키워드와 요약

- 고객 수용성 조사에서 목표 고객과 일치하는 조사 대상의 선정이 가장 중요하다

- 고객 평가 지표는 컨셉 선호도, 차별성, 구매의향, 지불 의향 가격이 있다

- 고객 검증 시 온라인 조사, 고객과의 워크샵, 실사용 평가 등 다양한 방법을 활용해야 한다

제 3장

상품화 확정

'아이디어에서 개발을 향한 통 큰 결단'

상품화 확정은 아이디어를 실행 가능한 상품으로 변환하는 중요한 단계입니다. 상품 기획자는 명확한 의사결정 기준을 통해 실행 가능성을 평가하고, 고객의 공감을 이끌어내는 설득력 있는 스토리를 개발하며, 데이터 기반의 수요 예측으로 시장 성공 가능성을 높입니다. 또한 여러 이해관계자 간의 목표를 조율하고, 최적의 방향을 제시하며, 상품화 과정 전반의 전략적 판단을 이끌어냅니다.

상품화 확정 단계에 이르기까지 일련의 다양한 활동을 하였습니다. 첫째, 고객이 해결하고 싶은 문제를 파악합니다. 그리고 문제 해결을 위하여 참신한 아이디어를 건져 올려 정교하게 발전시킵니다. 둘째, 아이디어의 핵심을 담은 컨셉 보드를 고객에게 보여주며 평가를 받은 후 고객 피드백을 반영하여 컨셉을 보완합니다. 셋째, 1차 검증 후 사용 씬을 쉽게 설명하기 위해 디자이너와 함께 동영상을 만들어 목표 고객에게 다시 한번 검증을 합니다. 넷째, 실제 디자인 목업을 제작하여 디자인 리뷰를 진행하는 등 풍부한 고객 의견을 수렴하였습니다. 마지막으로 예상 디자인을 토대로 재료비를 추정하고 산출 후 수익성 분석도 진행합니다.

수 차례 검증과 컨셉 보완 활동이 마무리되면 결과물을 토대로 공식적으로 개발 리소스의 투입 여부를 결정하는 게이트 리뷰인 '상품화 확정 보고'가 있습니다. 상품기획 프로세스 상 기획자가 철저히 준비해야 하는 가장 중요한 이벤트로서 최고 경영자에게 직접 발표하고 논의하는 공식적인 회의체입니다.

이 단계에서는 기획된 제품과 서비스가 목표 고객에게 수용 가능한지 여부를 객관적인 데이터로 반드시 제시해야 합니다. 또한 해당 제품의 사업성과 수익성 지표인 예상 판매 물량과 가격에 따른 매출, 손익도 사전에 점검을 마쳐야 합니다. 만일 제품이 아닌 신규 서비스라면 활성 사용자 규모, 거래량, 비즈니스 모델 기반의 수익과 비용구조 등이 정의되어야 하겠습니다. 이번 장에서는 의사결정자에게 고객 검증 결과에 기반한 공감을 얻고 목표 시장의 크기와 수요예측을 토대로 사업성을 설득하는 방법을 살펴보겠습니다.

1
마음의 문을 여는 공감의 기술

　상품화 확정 단계의 결과물은 최종 자원투입에 대한 의사결정입니다. 신제품의 시장성이 있고, 사업성도 높다라는 예측을 설득하기 위해 무엇보다 중요한 것은 의사결정자들이 제품 컨셉과 서비스를 얼마나 매력적으로 인식하는지 여부입니다. 고객 검증 결과가 긍정적이고 수익성이 확보되더라도 영업 책임자, 연구소장, 최고 경영자 등의 공감을 얻지 못한다면, 프로젝트는 다양한 도전과 견제에 직면하게 됩니다. 대부분의 경우 객관적인 지표들이 명확하면 이성적인 합의에 도달하는 것은 어렵지 않습니다. 반면에 사람들을 진정으로 움직이기 위해서는 컨셉 소개처럼 이성에 호소하는 설득적 근거를 넘어서 감동적인 요소가 포함되어야 합니다.

　특히 '상품화 확정' 단계에서는 제품이 아직 출시되지 않았고, 오직 컨셉 디자인만 존재하기 때문에 주요 이해당사자들의 공감을 얻는 것이 큰 과제입니다. 다음 두 가지 예시를 통해 이 과제를 해결하기 위한 방법을 탐색해 보겠습니다.

첫 번째는 핵심 컨셉을 잘 표현하기 위해서는 제품 소개를 단순한 이미지가 아닌 아닌 동영상 형태로 전달해야 합니다. 고객 사용 씬을 보여주는 동영상으로 사전 검증을 완료했다면 이번에는 보다 진보된 형태의 프로토타입이 준비되어야 합니다. 그 이유는 글과 이미지로 새로운 제품의 사용 씬을 설명하면 본인 각자의 경험에 기반하여 상상하고 판단하기 때문입니다. 따라서 기획자가 의도한 대로 컨셉에 대한 이해와 사용 경험이 제대로 전달되었는지 확신할 수 없습니다.

'10년 후 미래 TV' 컨셉을 수립하는 프로젝트가 있었습니다. 당시 전략적 방향성을 설득하기 위해 채택한 방법은 '미래 TV'의 비전을 보여주는 영상을 만드는 것이었습니다. 그리고 이 영상은 기존과 차별화되면서 의미의 전달을 높이기 위해 광고회사와 협업하였습니다. 우리가 'Future TV'라고 구글 검색을 하면 소재, 부품업체부터 전자업체, 콘텐츠 미디어 업체까지 다양한 IT 회사에서 미래 비전을 소개한 많은 영상이 나타납니다. 자칫하면 기존 영상들과 차별화 없이 진부한 형태로서 의사결정자의 시선을 끌지 못하게 될 것이 자명합니다. 우리가 설득할 대상은 세련된 보고서와 자료에 익숙한 최고 경영자입니다. 참신한 첫인상을 주어야만 이후에 우리가 전달하고픈 말에 귀 기울일 것입니다.

[그림 1. OLED 미래 디스플레이 (출처: LG 디스플레이 홈페이지)]

　이러한 난관을 극복하기 위해 새로운 접근법을 고민하던 중 최고 의사결정자 대상으로 프레젠테이션 경험이 많은 광고회사와 협업하기로 하였습니다. 프로젝트 팀은 사전에 정의한 미래의 고객 사용 씬을 서술하고 상황 별로 재구성한 후 콘티 작가, PD 등과 함께 한편의 단편 영화를 보는 것처럼 스토리텔링 하였습니다. 그리고, 한눈에 봤을 때 '와~ 새롭네' 라는 인상을 주기 위해 일러스트 작가와도 협업하였습니다. 어디에서 본듯한 기시감이 없는 세련되고 정제된 일러스트 애니메이션으로 표현된 3분 길이의 영상이 마침내 탄생하였습니다. 10년 뒤 가족의 일상 속에서 스크린과 인터랙션이 자연스럽게 녹아 드는 모습을 재현하였습니다. 그려진 장면들 중 어느 것을 보더라도 실제 그럴 것 같다는 상상이 보는 이의 머릿속에 떠오르게 만들었습니다.

[그림 2. 미래 TV 비전 일러스트 예 (출처: @eomju 작가)]

    보고 시에 영상을 의사결정자들에게 보여주고 우리의 '미래 TV 비전'을 'Life On Screen'으로 표현했을 때 그 누구도 반론할 수 없게 되었습니다. 그리고 다음 단계인 실행 계획 구체화로의 의사결정을 받음으로써 보고의 목적을 달성합니다. 이후에 'Life On Screen'이란 키워드가 언급될 때 마다 자연스럽게 애니메이션 영상이 떠오르게 되었습니다.

    '들은 것은 잊어버리고, 본 것은 기억하며, 해본 것은 이해한다'라는 명언이 있습니다. 우리 제품이 추구하는 고객 경험을 의사결정자들도 실제 체험할 수 있는 단계로까지 끌어올려 머리가 아닌 마음으로 공감할 수 있도록 해야 하겠습니다.

    두 번째는 컨셉 검증과정에서 고객과 함께 진행한 활동들을 동영상으로 준비하여 최종 보고 시 보여주는 것입니다. 고객 인터뷰를 했다면 실제 고객의 답변들을 영상으로 만들어 상영합니다. 어떤 부분에서 고객이 열광하고 매력적으로 느끼는지 친절한 설명과 함께 덧붙이면 단순히 평가결과가 나열된 숫자보다 훨씬 큰 효과를 거둘 것입니다.

또한 제품 실사용 평가를 진행한다면 고객의 집에 방문하여 실제와 같이 설치하고, 사용씬을 모의로 시연 후 고객 피드백도 받습니다. 이 과정에서 고객의 설치 및 사용 환경을 사진, 영상 자료로 기록하여 활용하면 한 차원 높은 공감을 이끌어낼 수 있습니다. 특히 **고객은 외부에서 진행하는 조사에 참여할 때 본인의 사용환경과 맥락에 100% 일치하게 답을 하지 않습니다. 다른 사람을 의식하기에 때로는 본인의 생각과 다르더라도 강하게 표출하지 않습니다.** 그래서 꾸밈없는 현실을 보고, 관찰하며, 함께 얘기 나누기 위하여 고객의 거주 공간을 직접 방문해야 합니다. 그리고 실제품을 사용하는 과정을 지켜볼 때 잠시 스쳐가는 순간이 인사이트로 발전될 가능성이 높아지게 됩니다.

앞서 고객 평가에서 언급되었듯이 최근에는 컨셉 개발 시 고객 참여형 기획으로써 아이디어 발산부터 고객과 함께 발전, 진화시키고 있습니다. 심지어 디자인 단계에서도 고객의 목소리를 반영하기 위한 노력을 지속적으로 진행합니다. 이처럼 고객과 소통하는 모든 과정을 단계별로 정리하여 시각적인 방법으로 설명할 때 의사결정자로부터 신뢰와 공감을 쉽게 이끌어 낼 수 있겠습니다.

키워드와 요약

- 상품화 확정 시 컨셉에 대한 설득을 위해 이성적 요소와 함께 공감을 이끌어 내야 한다

- 이미지, 동영상뿐만 아니라 사용 씬을 추가하여 프로토타입으로 제시한다

- 고객 검증 시 고객과 함께 진행한 활동을 영상으로 준비하여 활용하면 의사결정자의 공감을 얻는데 효과적이다

2
신제품 수요 예측의 예술

　시장과 고객에 대한 정확한 통찰력에 기반한 신제품 기획으로 사업성과에 기여해야 함은 상품기획의 궁극적인 목표입니다. 따라서 **잠재 시장 규모와 판매량에 대한 예측은 의사결정자가 자원을 투입하는데 중요한 판단 기준**이 됩니다. 기존 제품으로 신규 수요 창출의 한계에 직면할 때 신제품을 기획하지만 자칫 고객층이 제한된 틈새시장을 공략하는 경우도 있습니다. 일례로 PC 게임을 즐기는 '게이머 전용 OLED모니터', 국내 캠핑족 대상의 '스탠바이미고'와 같은 제품들은 취향과 선호가 확실한 고객을 목표로 했기에 초기 시장 수용성은 매우 높지만 대중화로 확산되는데 많은 시간과 자원이 소요될 것입니다.

　물론 이처럼 특정 계층을 대상으로 한 제품이었지만 초기 매니아층에게 적극 수용된 후 일반 대중고객까지 확대 전개된 사례는 여러 제품에서 찾아볼 수 있습니다. '테슬라'는 2008년 전기 자동차가 대중화되기 이전에 10만불이 넘는 고가 스포츠카인 '로드스타'를 출시하여 시장에 진입하였습니다. 당시 전기차의 통념인 저성능과 실용성이 떨어진다는 인식을 바꾸는 데 중요한 역할을 하였습니다. 이후 2012년 '모델 S'와 2015년 SUV인 '모델 X'를 순차적으로 출시하면서 보다 대중적인 시장으로 진출하였습니다.

[그림 3. 테슬라 '로드스타' 1세대(좌), 아마존 알렉사 1세대(우), (출처: 위키피디아(좌), 아마존닷컴(우))]

아마존 '알렉사'는 2014년 최초 출시되었을 때 음성으로 기기를 조작하는 게 낯설었고 음성 인식율도 높지 않았습니다. 특히 가용한 서비스는 음악 감상이나 날씨, 뉴스, 교통 정보 등으로 활용 분야가 제한적이었습니다. 이후 다양한 스마트홈 기기인 보안 카메라, 조명 등과 호환성을 확보하면서 외연을 확장하였고 더 복잡하고 자연스러운 대화와 명령 인식 능력이 향상되어 '알렉사'는 음성 비서의 선두주자로 자리매김하게 됩니다.

위의 사례와 같이 시장이 대규모로 형성되기 이전에는 1차 년도 판매 목표 '백만대 달성'과 같은 비현실적인 목표 설정은 지양해야 하며 잠재시장 규모의 정확한 예측이 중요합니다. 더불어 출시 초기에는 틈새시장을 공략하기에 사업목표가 작을 수 있지만 지속적인 제품 성능 향상과 보완적인 서비스 발굴, 보급형 모델의 출시로 대중 시장을 공략해야 합니다. 만일 잠재시장 규모가 크다면 사업초기 성과는 미미하지만 일정 시간이 경과하면 시장 침투율이 상승하여 매출 성장에 기여하게 됩니다.

따라서 신제품이 목표한 고객으로 형성된 시장이 규모가 큰 시장인지 아니면 소규모의 틈새시장인지 명확하게 진단해야 합니다. 먼저 잠재시장과 초기 판매 가능 수량을 예측하기 위해 시장 크기를 정의하는 세 가지 유형의 TAM(Total Addressable Market; 전체시장), SAM(Service Available Market; 유효시장), SOM(Service Obtainable Market; 수익화 시장)이 있습니다.

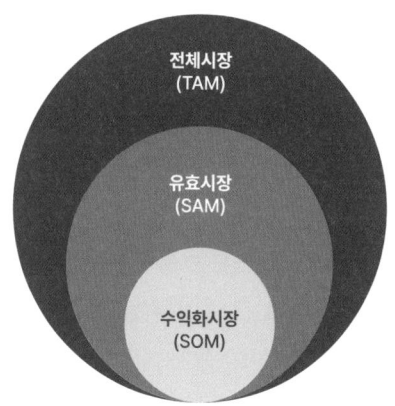

[그림 4. 세가지 시장의 구조]

먼저 'TAM'은 제품이 이론적으로 도달할 수 있는 전체 시장 규모를 의미하며, 최대 잠재 고객 수를 포함하는 시장의 총 크기입니다. 'TAM'을 파악하면 신제품이 도달할 수 있는 시장의 범위와 잠재고객을 이해할 수 있으며, 향후 신제품의 매출 성장 가능성을 통해 사업 잠재력을 평가하는 데 도움이 됩니다.

다음으로 'SAM'은 지리적 제한, 비즈니스 모델, 목표 고객 특성을 고려할 때 실제로 제품을 판매하고 서비스할 수 있는 시장 규모를 의미합니다. 즉, 'TAM' 중 실질적으로 접근 가능한 시장이 되겠습니다. 'SAM'을 분석함으로써 회사의 역량과 리소스 등을 감안했을 때 타겟팅하고 획득할 수 있는 시장 크기를 파악할 수 있습니다.

마지막으로 'SOM'은 단기적으로 실제 확보할 수 있는 시장 규모입니다. 이는 시장 내 경쟁 구도와 자원투입 등을 감안하여 단기간에 점유할 수 있는 시장 규모입니다. 'SOM'은 사업적으로 의미 있는 시장 점유율 목표와 동일하며 신제품 출시 후 확산 전략 및 투자 계획을 수립하는 기초 자료로 활용됩니다.

위 세 시장은 **단기 목표인 'SOM', 추가 자원 투입으로 달성할 수 있는 중기 목표인 'SAM', 사업의 잠재역량을 발휘하여 도달할 수 있는 'TAM'**으로 요약할 수 있습니다. 따라서 신제품의 시장 수요 예측은 정확한 시장 인사이트에 기반하여 수립해야 합니다. 더불어 시장 규모 예측에 필요한 인구통계학적 자료는 각 국가별 공식 통계자료나 증권사 혹은 조사 기관 등이 발표하는 보고서를 참고하면 쉽게 파악할 수 있습니다.

각각의 시장을 비즈니스 환경에서 어떻게 정의하는지 '스탠바이미' 사례를 활용하여 살펴보겠습니다. 이 제품의 초기 타겟 고객은 1인가구

MZ세대이며, 개인취향을 반영하는 제품으로써 구매력이 있는 고객으로 한정합니다. 위와 같은 가설적인 고객정의에 기반하여 시장 규모를 탑다운 방식으로 도출합니다.

[표 1]에서 보면 2022년 말 기준 국내 1인가구는 전체 가구수의 34%인 7.4백만명입니다. 이중 Z세대와 밀레니얼 세대는 전체 1인가구 중 42%를 차지하는 3.1백만명이나 초기 목표 고객인 연 소득 3천만원이상의 고객만 별도로 추출해야 합니다. 앞서 정의한 구매력이 있는 고객을 선별하기 위해 연 소득 기준을 활용합니다. 그런데 국가통계자료에는 가구별, 연령대별 소득구간이 파악되어 있지 않기 때문에 새로운 가정이 추가됩니다. 1인가구 중 연 소득 3천만원 이상이 32%를 차지하나 이 숫자는 1인가구 전체를 대표하기에 경제활동이 왕성한 MZ세대는 이 보다 비중이 높다라는 사실을 반영하여 64%(=32%×2)를 적용할 수 있습니다.

구분	내용	대상(명)	비고
	국내 전체 인구(2022년)	51,692,272	'국가통계포털' (www.kosis.kr) 참고
	일반 가구 전체	21,773,507	
	1인가구 비중(%)	34%	
	①1인가구 전체	7,402,992	
	② MZ세대(20~44세) 비중	42%	
	③ 연 소득 3천만원이상 비중	32%	
	MZ세대1인가구	3,109,257	①x②
TAM	MZ세대 1인가구 중 3천만원이상	1,989,924	①x②x③xα
	④1년 내 TV구매의향	20%	고객조사 검증
SAM	1년 내 TV구매 의향자	397,984	TAM x ④
	⑤'스탠바이미' 구매의향	35%	고객조사 검증
SOM	'스탠바이미' 구매 의향자	139,295	SAM x ⑤

[표 1. 목표 시장 크기 추정방법]

    위 가정을 적용하면 '전체시장;TAM'은 약 2백만 명이 됩니다. 그리고 '유효시장;SAM'은 추가적인 가설인 '구매력이 있는 1인가구 MZ세대' 중 1년이내 TV에 대한 관심과 구매의향이 있는 고객으로 재설정하여 398천명이 정의됩니다. '유효시장' 398천명에는 '스탠바이미'의 잠재적 구매고객 이외 전통적인 OLED, LCD TV등의 구매 예정자도 포함되어 있습니다.

따라서 이 고객 중 '스탠바이미'에 대한 관심이 있고 구매의향이 있는 고객으로 다시 좁혀보면 초기 '수익화 시장;SOM'은 139천명이 됩니다. 그리고 제품의 가격이 1백만원이라면. '스탠바이미'를 국내 시장에 판매할 때 거둘 수 있는 예상 매출 규모는 1,390억이 되어 제품 개발을 시도할 가치가 있다고 평가할 수 있습니다. 여기서 '유효시장'과 '수익화 시장'의 정의를 하는데 있어 중요한 지표인 ④, ⑤항목은 컨셉의 고객 검증 과정에서 목표고객 대상으로 실시한 설문을 토대로 파악이 되어야 하며 [표 1]에서는 임의의 숫자를 사용하였습니다.

기획자의 가설에 따라 '초기시장;TAM'은 '1인가구 중 MZ세대 전체'로 설정할 수도 있고, 소득수준이 아닌 '거주형태 및 크기' 또는 '취미 여가활동' 등 다양한 기준으로 정의할 수 있습니다. 핵심은 각 시장규모를 선정할 때 이에 합당한 논리적이고 객관적인 근거를 확보하는 것입니다. 그리고 제품이 아닌 서비스를 기획하는 경우에도 '지출행태', '지리적', '문화여가', '주거' 등 여러 기준에 대한 통계자료를 활용하면 위의 예와 같이 각 시장 규모를 탑 다운 방식으로 예측할 수 있습니다.

우리는 상품화 확정 단계에서 의사결정자의 감성을 자극합니다. 세련된 컨셉 시각화 자료와 고객이 참여한 각종 시청각 자료를 효율적으로 활용함으로써 컨셉의 공감력을 높일 수 있습니다. 또한 의사결정자의 사업적 판단을 위한 이성에 호소합니다. 이를 위해 신제품이 목표로 한 잠재시장 규모와 창출 가능한 매출을 예상함으로써 사업의 미래 전망을 제시하였습니다. 이처럼 기획자는 이성과 감성을 효과적으로 활용하여 의사결정자를 움직이게 하는 주도적 역할을 수행해야 합니다.

여러분이 기획중인 제품과 서비스에서 잠재시장 규모가 얼마나 되는지 파악해 보기 바랍니다. 여러 가설을 펼쳐놓고 관련 근거를 하나씩 찾아가면서 시장을 좁히다 보면 초기 정의한 목표 고객이 더욱 뾰족해지고 사업성에 대한 평가 역량도 키울 수 있겠습니다.

키워드와 요약

- 잠재시장 규모와 판매 예측을 포함한 정량적인 숫자는 의사결정에 중요한 지표이다

- 시장 규모는 단기 목표인 'SOM', 추가 자원 투입으로 달성할 수 있는 중기 목표인 'SAM', 사업 잠재역량을 발휘하여 도달할 수 있는 'TAM'으로 정의된다

- 기획자의 시장 가설과, 고객검증 시 파악한 인사이트를 토대로 시장 수요예측을 실시한다

제 4장

상품화 개발

'세 개의 문으로 떠나는 도전적인 개발여정'

상품화 개발은 아이디어를 실행 가능한 제품으로 구체화하는 과정으로 품질, 비용, 일정이라는 세 가지 핵심요소를 균형 있게 관리하는 것이 중요합니다. 이해 상충 과정에서 상품기획자는 각 요소의 상대적 중요도와 우선순위를 명확히 설정하고, 이해관계자 간의 조율을 통해 적기 출시를 목표로 합니다. 시장 요구에 부합하면서도 전략 방향성, 실행 가능성을 고려한 합리적 의사결정이 프로젝트의 성공 가능성을 높여 줍니다.

고객 검증 결과 높은 선호도와 구매 의향도 확인하였습니다. 또한 최고 경영자로부터 그린 라이트를 획득, 공식적인 개발 체계도 구축하였습니다. 이제는 기획된 제품, 서비스 개발에 전념할 타이밍입니다. 우리는 개발팀을 구성하고 개발 리더를 선정 후 전체 일정을 수립합니다.

최근 개발 프로세스는 민첩성을 중시하는 **'애자일'** 방식이나 스타트업 접근법이 선호되고 있습니다. 이는 기존의 **철저한 계획 기반의 정형화된 개발 모델인 '폭포수' 모델**과 대비되며 **문제에 대한 유연한 대응을 가능**하게 합니다. 다음과 같이 '1단계: 핵심 기능 구현' – '2단계: 전체 기능 구현' – '3단계: 출시 전 최종점검'으로 이뤄진 폭포수 모델의 개발 프로세스가 있다고 가정해 봅시다. 이 프로세스에서는 각 단계의 완료를 평가하는 게이트 리뷰에서 초기 기획단계에서 설정한 목표 수익성이 달성되지 않을 경우 프로젝트는 다음 단계로 진행되지 못합니다. 즉, 기능의 완성도뿐만 아니라 사업 목표 달성 여부가 프로젝트 진행 여부를 결정하는 'Go/No-Go'의 핵심 지표로 작용합니다.

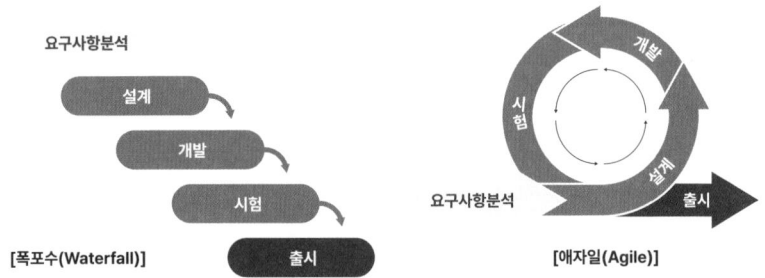

[그림 1. 소프트웨어 개발 방식비교]

최근에는 민첩하고 유연한 문제해결의 장점 때문에 하드웨어 중심의 제조업체도 초기 단계의 비즈니스나 프로젝트에 적용되는 '애자일' 프로세스를 활용하고 있습니다. 고객의 문제를 해결하는 핵심 경험의 완성에 중점을 두고, 목표 수익성 달성을 위한 원가 절감 등의 활동은 개발을 진행하면서 지속적으로 점검합니다. 이러한 변화는 정량적 평가 지표인 원가, 일정과 같은 눈에 보이는 프로세스 중심의 관리에서 고객의 문제 해결과 차별화된 경험 제공에 주력하는 애플, 구글 등 빅테크 기업의 영향이라고 생각합니다.

중요한 점은 아무리 체계적으로 정비된 프로세스라 할지라도, 실제 실행은 결국 사람의 몫입니다. 기계처럼 정교하게 짜인 시스템이라도 서로 다른 부서와 구성원 간의 상충되는 이해관계와 예기치 못한 문제들은 불가피하게 발생합니다. 부서간 갈등 상황에서 기획자는 단순히 **차별화된 컨셉 제시를 넘어서 이해관계자 간의 조율을 통한 강력한 실행력을 발휘**해야 합니다. 이것이 상품화 개발 단계에서 기획자의 핵심역량이자 진가가 발휘되는 순간입니다.

# 1
'품질'과 '비용'에서 읽는 가치 판단

이제 다음 상황을 고려해보겠습니다. 캠핑 및 아웃도어 활동에 적합하게 설계된 '스탠바이미고' 제품은 휴대가 간편하도록 손잡이가 부착되어 있으며, 여행용 가방을 연상케 하는 디자인으로 제작되었습니다. 그런데 사전 필드 테스트에서 이 제품의 표면이 긁히거나 오염되는 것을 방지하기 위한 수납용 가방의 필요성이 제기되었습니다. 고객 만족도를 높이기 위해서는 이러한 추가 액세서리가 필요하다는 점에는 동의하지만, 이는 제품 원가 상승으로 이어져 수익성에 부정적 영향을 미치게 됩니다. 이러한 상황에서 기획자는 '품질'과 '원가' 사이에서 최적의 의사결정을 어떻게 내려야 할까요?

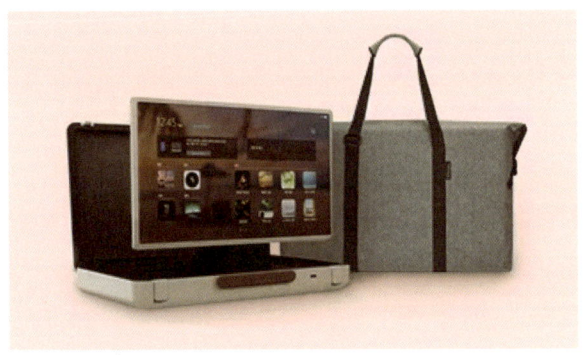

[그림 2. '스탠바이미고'와 수납가방 (출처: LG전자 홈페이지)]

수익성이 중요한 판단 기준이라면 수납가방을 판매 시점에 제공하여 가격 부담을 높이기 보다, 반드시 **필요한 고객만 별도 액세서리로 구매**하는 방안을 선택할 것입니다. 이러한 의사 결정의 근거는 모든 고객에게 수납가방은 반드시 필요하지는 않다는 가정에 기반합니다. 마치 노트북 구매 시 제조업체가 가방을 제공하지만 고객이 사용하는 경우가 극히 드문 것과 같습니다.

반면, **고객에게 완벽한 경험을 제공하는 것이 우선순위**라면 **비용 문제는 차선의 고려사항**이 됩니다. 이번 주말에 캠핑을 함께 가는 친구와 색다른 엔터테인먼트 경험도 하고, 주변에 '플렉스'를 좀 하고자 이 제품을 구입했다고 가정해 봅시다. 그러나 이 제품에는 이동 시 필요한 수납가방이 포함되어 있지 않아, 고객은 온라인 몰에서 대체품을 찾아야 합니다. 설상가상으로 주말까지는 배송이 불가능한 상황이라면 고객은 필요한 부가 액세서리가 없어 불편함을 겪게 됩니다. 이렇게 제품을 처음 **접하는 '진실의 순간(Moment of Truth)'에 고객에게 긍정적인 경험을 제공**하는 것이 중요합니다. 이 경우에는 원가가 조금 더 들더라도 고객의 편의를 위해 수납가방을 함께 제공하는 것이 바람직합니다.

시야를 넓혀 '품질'과 관련하여 집요할 만큼 몰두하는 회사인 '애플'의 사례를 보겠습니다. 애플의 제품 개발 철학은 기능 구현과 고객 경험에 대해 특별한 원칙을 가지고 있습니다. 기능 구현의 완성도인 '품질'에 대해서 기능이 단순히 작동하는 것을 넘어 고객에게 최상의 경험을 제공해야 한다고 믿습니다. 직관적이고 사용이 쉬워야 하며 높은 성능을 보여야 합니다. 단순히 기술적 기능을 넘어서 고객의 삶을 향상시키는 것이 '애플' 제품의 지향점입니다.

일본 전자업체 '온쿄(Onkyo)'가 블루투스 기반의 이어폰을 2015년 9월 출시한 후 2016년 6월 '삼성', '재브라(Jabra)' 등이 경쟁적으로 신제품을 세상에 내놓았습니다. 좌우 이어폰 사이에 선 연결 없이 완벽한 무선 기술을 강조하며 시장 주도권을 다투었습니다.

[그림 3. 온쿄 무선 이어버드(좌), 애플 에어팟 1세대(우) (출처: 베스트바이(좌), 애플 홈페이지(우))]

그 해 9월 애플의 신제품 발표 시 '에어팟'이 소개되고 12월 세상에 첫 선을 선보입니다. 특히 이미 계획된 출시 일정이 2달여 지연되었고, 타 제품과 달리 길쭉한 형태로 '콩나물' 같다고 조롱을 받았습니다. 그렇지만 애플이 추구하는 미니멀리즘 디자인과 자체 개발한 'W1' 칩으로 구현한 완전 무선 전송, 최상의 고음질을 통해 여타 제품과 차별화를 거둡니다. 특히 다른 제품에서는 볼 수 없는 사용자 경험으로 케이스를 열면 바로 연결되는 빠른 페어링, 센서를 내장하여 귀에서 제거할 때 음악 재생을 일시 중지하는 등 사용 편의성을 제공합니다. 이러한 특징들이 당시 경쟁 제품들에서 찾아볼 수 없는 탁월한 경험을 고객에게 선사합니다. 이와 같이 완벽한 경험을 위하여 '품질'이 확보될 때까지 집요하게 노력한 흔적을 애플 제품 곳곳에서 볼 수 있습니다.

여러분은 '품질'과 '비용' 사이에서 어떤 기준으로 의사결정을 하고 있습니까? **'최상의 고객 경험 제공'과 '비용 절감을 통한 수익성 증대'**라는 두 가지 이해관계가 상충될 때 최적의 결정은 바로 최고경영자가 지향하는 핵심 가치에 기반하여 이뤄집니다. 이는 회사의 전략이 잘 표현된 글이나 회의 석상에서 언급하는 구호가 아닌 중대한 의사결정의 순간에 회사의 전략이 명확히 드러나는 지점입니다. 이러한 결정들은 조직의 진정한 지향점과 전략적 방향성을 보여주는 중요한 시험대가 됩니다.

키워드와 요약

- 수익성과 완벽한 고객 경험 사이에서 의사결정은 기업이 추구하는 핵심가치에 기반하여 이뤄진다

- 제품을 처음 접하는 순간에 고객에게 탁월한 경험을 제공하는 것은 고객과 긍정적인 관계 설정에 매우 중요하다

2
'품질'과 '일정'에서 찾아낸 최소 기능 제품 (MVP; Minimum Viable Product)

현업에서 가장 많이 맞닥뜨리는 경우가 바로 출시 일정이 촉박한데 원하는 만큼 '품질' 성능이 확보되지 않은 상황입니다. 예상보다 개발 난이도가 높거나, 자원 투입이 부족하거나, 파트너사의 내부 이슈, 또는 초기 일정을 무리하게 수립하는 등 다양한 원인이 있습니다.

대부분은 **고객 경험 완성에 초점을 두고 제품과 서비스의 정교함을 높이는 데 주력**하게 됩니다. 특히 '스탠바이미'와 같이 시장에 없던 신제품은 경험 완성을 위해 수 차례 고객 검증을 진행합니다. 그 결과 디자인 수정과 제품 성능 향상을 위해 계획 대비 일정 변경에 대한 의사결정이 빈번하게 이뤄졌습니다. 즉 '품질'과 '일정' 사이에서 '품질'이 가치판단의 최우선 기준이었던 것입니다.

주력 제품군이 전체 사업에 중대한 영향을 미치는 상황에서는 '일정'과 '품질' 사이에서 의사결정을 내릴 때 어느 것을 우선시해야 하는지가 매우 중요합니다. **제품 출시 시기의 전략적 중요성과 품질의 필요성을 균형 있게 고**

려해야 합니다. 다음 사례에서 우리는 당시 상황의 긴박함과 그 속에서 내려진 극적인 결정들을 되돌아보며, 큰 도전 앞에서 의사결정이 얼마나 중요한지를 다시금 깨닫게 됩니다.

LG전자는 '휴렛 팩커드'로부터 2013년 2월 스마트폰 및 태블릿에 적용되었던 오에스 플랫폼인 '웹오에스(webOS)'를 인수하여 스마트 TV의 운영체제로 적용키로 하였습니다. 그 이유는 기존에 사용 중이던 소프트웨어 플랫폼으로서는 향후 확장성과 차별화된 경험의 제공에 한계가 있다는 판단 때문이었습니다. 전략적 방향성은 맞았지만 채택 후 실행 과정에서 문제가 발생합니다. TV 제품의 출시 일정은 매년 초에 한국을 시작으로 3월 미국, 5월 유럽 등 상반기 내 글로벌 시장으로 출시가 됩니다. 따라서 'webOS'가 적용된 새로운 스마트 TV는 늦어도 연내 개발 완료가 되어야 했습니다.

당시 모바일 기기에서 사용하던 'webOS'를 대화면 TV에 적용하기 위해서는 TV의 고유기능인 방송수신, 외부입력 기기 지원, 대화면 화질 처리 등을 신규로 개발해야 했습니다. 게다가 기존 백여 개 이상의 TV 기능들도 신규 운영체제에 맞게 'webOS' 플랫폼으로 재구조화하고 개별 기능을 구현해야 했습니다. 다시 말하면 소프트웨어를 100% 새롭게 다시 개발하고, 미국, 유럽 등 주요 출시국가에 사전 품질 검증까지 마쳐야 한다는 것을 의미합니다.

매년 TV를 개발하는 기존 프로세스는 기존 아파트 내부 인테리어 공사를 하는 것에 비유할 수 있고 대략 8~10개월이면 충분했습니다. 그러나, 'webOS 스마트 TV'의 경우는 기초와 기둥은 재활용하되 완전히 외관을 뜯어 고치는 리모델링과 같은 큰 프로젝트였습니다. 게다가 12개월 내에 완료해야 하는 대단히 도전적인 목표였습니다. 시간이 지날수록 세부 기능의 완성도는 올라갔지만 여전히 부족한 부분이 많이 남아있었습니다. 현재의 진행 속도로는 '품질'을 확보하는 데 필요한 시간이 예상보다 길어져 '일정' 지연이 불가피해 보였습니다. 이로 인해 신모델의 출시가 늦춰질 경우, 사업에 상당한 영향을 미칠 위험이 높아져 갔습니다.

이 시점에서 고려할 수 있는 전략적 선택지는 '**최소 기능 제품(MVP)**'의 도입이었습니다. 스타트업 업계에서 '최소 기능 제품(MVP)'은 주로 소프트웨어나 앱 개발 과정에서 활용되며, 기능적으로 완벽하지 않은 프로토타입일 뿐 최종 완제품은 아닙니다. MVP의 핵심 목적은 **제품의 초기 컨셉을 빠르게 검증하고, 고객의 피드백을 반영하여 점진적으로 개선하는 것**입니다. 반면, 하드웨어 제품 개발 단계에서의 '최소 기능 제품(MVP)'은 **핵심 기능이 구현된 상태에서 부가 기능이 완성되지 않았더라도 먼저 시장에 출시한 후, 사용자 피드백을 수집하고 소프트웨어 업데이트를 통해 제품을 지속적으로 개선하는 방식**으로 활용되었습니다.

기존의 LG전자와 같은 대기업에서는 이 개념이 생소했으며, 실제 적용 사례도 거의 없었습니다. 프로젝트 팀은 'webOS'가 적용된 신제품을 예정대로 출시하되 고객의 손에 전달된 후 인터넷에 처음 접속하는 순간 소프트웨어를 업데이트하는 방식으로 '최소 기능 제품' 개념을 현실에 맞게 적용키로 하였습니다. 기존에 TV 개발 시에 한 번도 적용해본적이 없는 위험한 발상이었지만 절박함이 있었기에 시도할 수 있었습니다.

이를 위해 먼저 '**최소 기능 제품**'에 대한 정의와 이를 토대로 '**품질**' 수준을

결정하는 것입니다. 기본적인 TV 동작인 채널 및 음량조절, 외부입력 전환 이외에 'webOS 스마트 TV'가 추구하는 'Simple; 단순함'이라는 명확한 고객가치를 정의하였습니다. '단순함'의 고객가치를 저해하는 제품 기능들은 개발 우선순위에서 후 순위로 밀려나게 됩니다. 제품 적용의 우선 순위의 결정은 다음의 절차를 따릅니다.

초기 기획단계에서 다양한 이해 관계자로부터 시장과 고객의 요구사항을 수집합니다. 이후 전문가 집단이 고객가치 및 기술적 구현 가능성, 투자 대비 효용 등 여러 관점에서 개별 요구사항을 분석합니다. 분석된 결과에 따라 핵심기능을 식별하고 우선순위를 선정 후 최소 기능으로 고객 경험이 완성되는 '품질'을 정의합니다. 도출된 '최소 기능 제품'의 수준에 입각한 최초 계획한 '일정' 사이에서 최적점을 찾습니다. 물론 이 단계에서 리소스 배분 역시 핵심 기능 정의에 기반하여 할당되었고, 고객관점의 사용성 검증도 철저하게 실시되었습니다.

[그림 4. LG webOS 스마트 TV (출처: LG전자 페이스북)]

결국에는 'webOS'가 적용된 스마트 TV는 2014년 초에 무사히 출시되어 각종 언론과 테크 리뷰어들부터 많은 찬사와 호평을 받았습니다. 이후 2024년 현재 11년 동안 LG TV의 운영체제로 자리잡고 있으며 자동차 내 인포테인먼트 시스템으로 외연을 확장하면서 진화하고 있습니다.

'품질', '비용', '일정'에 대한 두 가지 흥미로운 사례는 타협할 수 없는 핵심 가치에 대해 생각해 볼 수 있는 귀중한 기회였습니다. 이제 마지막으로 '원가'와 '일정' 사이에서 최적의 균형점을 찾는 과정을 살펴보겠습니다.

키워드와 요약

- 신제품의 경우 고객 경험 완성에 우선 순위를 두고 제품과 서비스의 정교함을 높이는데 충분한 시간을 투자한다

- 사업에 큰 영향을 미치는 주력 제품군은 출시 시기의 전략적 중요성과 최소 품질 수준에 대한 균형감각을 유지해야 한다

- 최소 기능 제품의 정의를 통해 기대 품질 수준을 결정한다

3
'비용'과 '일정'에서 '적기출시'가 중요한 이유

　제품과 서비스를 사용하면서 겪는 고객 경험은 객관화하기 어렵고 사람에 따라 이해도가 상이합니다. 게다가 제품이 제공하는 '품질'은 고객 경험과 직결되어 있고 '품질'의 지향점은 최상의 고객 경험 제공이어야 합니다. 이처럼 중요한 '품질'인 고객의 경험은 추상적인 의미로서 정량화가 어렵습니다. 반면 **목표 재료비와 출시 일정은 객관화된 숫자로서 상품화 개발 초기부터 명확하게 수립**되어 있습니다. 이는 관리지표로서 꾸준히 모니터링 된다는 의미입니다. 매 단계별 게이트 리뷰 시 기획 단계에서 설정한 '원가'와 현재 수준의 차이를 분석하고, 이에 대한 개선대책을 강구합니다. 또한, 전체 '일정' 중 어떤 단계에서 차질이 발생하는지 수시로 점검하고 지연되면 만회계획을 수립하여 실행합니다.

　그래서 '비용'과 '일정' 사이에서의 고민은 눈으로 보이는 관리가 가능하기에 '품질'인 고객 경험이 관여할 때 보다 상대적으로 의사결정이 용이할 수 있습니다. **기존 제품을 개선**하는 2세대, 3세대를 개발할 때 **'비용'** 절감은 수익성 및 사업성과 직결되기 때문에 '출시 일정'보다 우선하게 됩니다. 또한 기존 1세대 제품이 시장에서 판매 중이므로 '일정'이 지연되더라도 사업에 미치는 영향은 크지 않습니다. 이미 많은 경쟁사가 존재하고 제품 차별화가 어려운 상황에서는 비용 절감이 중요합니다. 낮은 가격이 소비자의 구매결정에 큰 영향을 미치기 때문입니다. 스마트폰, TV 등 우리 주변에 있는 대부분의 **범용제품과 상용화 중인 서비스에 적용**할 수 있는 기준이 되겠습니다.

반면 **기술의 발전이 빠르고, 소비자 기호가 계속 변하는 시장에서는 '적기출시'가 매우 중요**합니다. 특히 경쟁사의 신제품 때문에 자사의 시장 점유율이 하락하거나, 특별한 판매기회가 포착되어 빠른 대응이 필요한 경우가 있습니다. 이때는 무엇보다 '적기출시'가 우선하게 됩니다. 노트북은 신학기 입학 시즌이 수요가 높은 시기이고, 가전은 봄, 가을 혼수 시즌, 대형 TV는 올림픽, 월드컵 등과 같은 대형 스포츠 이벤트가 판매기회로 활용됩니다.

시장 수요와 경쟁상황, 기술의 성숙도 등을 종합적으로 판단 후 목표 고객을 선정하면 일정 기간 내 판매를 극대화하기 위한 제품을 준비합니다. 만일 제품 개발 시 문제가 발생하면 '품질' 수준을 낮추거나, '비용'을 추가 투입하여 계획한 '일정'준수를 위해 노력해야 합니다. 이는 프로젝트의 진행상황을 효과적으로 추적, 관리하는 'S-Curve'에서 보듯이 '품질' 수준이 변곡점에 도달한 이후에는 추가 시간과 노력을 투입하더라도 성능의 개선은 미미하기 때문입니다. 변화하는 시장 상황을 빠르게 대응하는 '적기출시'가 중요한 평가 기준인 경우, 판매 기회를 놓치지 않겠다는 확고한 사업목표에 의거합니다.

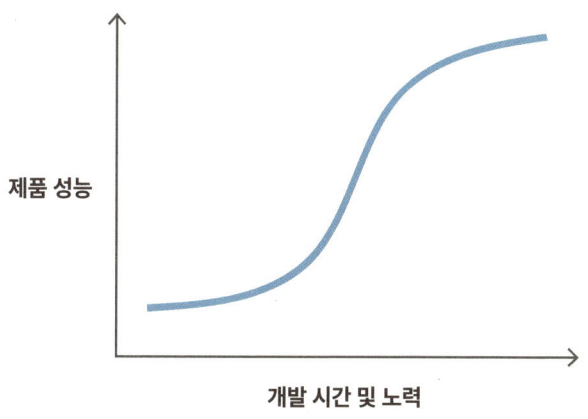

[그림 5. 성능과 시간의 S-Curve]

'적기출시'와 함께 현장에서 쉽게 접하는 **'납기준수'**가 있습니다. 이 표현은 주문된 제품이나 서비스가 약속된 시간 내에 고객에게 전달되는 것을 의미합니다. **사업의 오퍼레이션 관점에서 구매, 제조, 물류 등에서 사용되며 고객에게 제때 제공**하는 것에 초점을 맞추게 됩니다. 즉 기획적인 측면 보다는 관리, 운영 측면이 강조됩니다. 한편 **'적기출시'**는 **시장의 조건에 최적화된 제품을 제공**하는 것으로 상품 컨셉과 '품질' 수준에 대한 명확한 정의가 선행되어야 하는 기획자의 역량이 발휘되어야 하겠습니다.

우리는 '품질', '비용', '일정'이라는 세가지 핵심 기준을 다루며 다양한 상황에서 이들의 역할을 살펴보았습니다. 기획자로서의 목표는 최고의 고객 경험을 합리적인 가격과 적절한 시기에 제공하는 것이며, 이는 타협할 수 없는 기본 원칙들입니다. 그러나 변화무쌍한 환경과 경쟁 상황은 이러한 기준들을 상황에 따라 융통성 있게 조정해야 함을 요구합니다. 절대적인 법칙은 없으며, 기획자의 통찰력과 판단력이 상품화 개발 단계에서 중요한 역할을 합니다. 이를 위해서는 지속적인 경험 축적과 학습이 필수적입니다. 특히 글 서두에 소개한 '문제해결의 프레임워크'를 활용하면 합리적인 판단에 도움이 될 것입니다.

키워드와 요약

- 범용 제품과 상용화 중인 서비스는 수익성 개선에 기여하는 비용 절감에 주력한다

- 기술이 빠르게 진화하고 소비자 기호가 지속적으로 변화하는 시장에서는 적기 출시가 중요하다

제 5장

상품 적확도 검증

'데이터의 눈으로 고객 마음의 열쇠 찾기'

상품 적확도 검증은 시장에서 제품의 성공 가능성을 결정짓는 단계입니다. 데이터에 기반한 분석과 고객 피드백을 수집하여 시장 적합성을 판단하고, 수요 예측에 기반한 출시 전략을 최적화합니다. 출시 후 철저한 검증을 통해 제품의 강점과 약점을 파악하고, 필요한 개선 사항을 도출하여 차기 제품 기획에 적용되는 선순환 사이클을 형성합니다.

대부분의 경우 신제품을 기획하고 개발 후 시장에 출시하면 기획자의 본원적 업무는 일단락됩니다. 앞서 얘기한 1장의 상품기획의 본질을 고려하면 신제품이 창출한 매출로 사업 성장에 기여하는 것이 궁극적인 지향점이 되어야 합니다. 따라서 제품 출시 이후에 고객과 시장의 반응을 살피는 것이 매우 중요하겠습니다.

시장의 반응은 판매수량이 평가의 척도로서 영업부서의 예측수량 보다 월등한 수요가 발생하면 성공한 제품으로 인정받을 것입니다. 반대로 '스탠바이미'처럼 기존에 판매 경험이 없던 신제품의 경우에는 판매에 대한 확신이 부족하여 보수적으로 물량을 예측한 경우도 많습니다. 이 때 예상을 넘어선 고객반응으로 조기품절과 '백오더'(Back Order; 가용재고가 충분하지 않을 때 발생하는 현상)가 쌓인나면 운영 측면에서는 아쉽더라도 기획 측면에서는 성공한 제품으로 평가받습니다.

특히 고객 반응 측면에서 목표 고객층이 제품의 가치를 정확히 인지하고 판매가 활성화될 때 우리는 상품의 적확도가 높다라고 판단할 수 있습니다. 전통적인 방법은 출시 후 판매량의 증가를 토대로 제품의 성공여부를 판단하곤 하였습니다. 이와 같은 단순한 판매수량에 기반한 접근법에 변화를 불러일으킨 것은 신기술의 등장이며 이는 2016년 '알파고'가 불러일으킨 인공지능의 열풍과 클라우드, 빅데이터 등에 기인합니다. 새로운 디지털 기술을 활용하여 시장 반응과 고객 행동을 세밀히 관찰하고 상품 적확도를 데이터에 기반하여 판단이 가능하게 되었습니다.

특히 **데이터 기반의 검증 시에는 비정형 데이터와 정형 데이터를 동시에 활용**할 수 있습니다. 비정형 데이터는 사용후기, 커뮤니티, 블로그 등에서 고객의 실시간 의견으로서 폭넓게 수집이 이뤄집니다. 정형데이터는 숫자, 날짜, 시간 등으로 나타난 고객의 행동 양상을 파악하는 것으로 사용 로그 데이터, 웹, 소셜 네트워크 검색 데이터 등이 있습니다. 추가로 제품이 설치된 댁 내 위치, 주변 환경의 센싱 정보와 서비스가 사용되는 장소, 날씨 등 공공 데이터 등도 함께 활용될 수 있습니다.

아래 그림은 '구글 트렌드' 서비스를 이용하여 파악할 수 있는 시장 반응으로서 정형 데이터의 전형을 보여줍니다. 기존 'OLED TV'와 '스탠바이미'에 대하여 고객이 인터넷 상에서 뉴스, 이미지, 쇼핑 등 검색 활동으로 표출한 관심도를 분석함으로써 신제품에 대한 고객 반응을 측정할 수 있습니다.

[그림 1. 'OLED TV'와 '스탠바이미'의 국내 관심도 비교 (출처: 구글)]

위 방법은 '구글'이 제공하는 무료 서비스로서 기획자가 원하는 다양한 관점인 지리적, 인구통계학적, 라이프스타일별 반응을 상세히 파악하기에는 한계가 있습니다. 하지만 초기 출시 시점에 빠르고 간편하게 시장 반응을 살펴보는데 유용한 활용이 가능합니다. 추가로 '구글'은 국가별 제한 없이 진 세계 전반적인 트렌드를 살필 수 있는 장점이 있고 '네이버'에서 제공하는 '데이터랩(datalab.naver.com)'은 국내 고객에 보다 특화되어 있습니다. 네이버 검색어와 데이터를 활용하기 때문에 소비자 행동 및 관심사를 분석하고 고객에 대한 이해를 높일 수 있습니다.

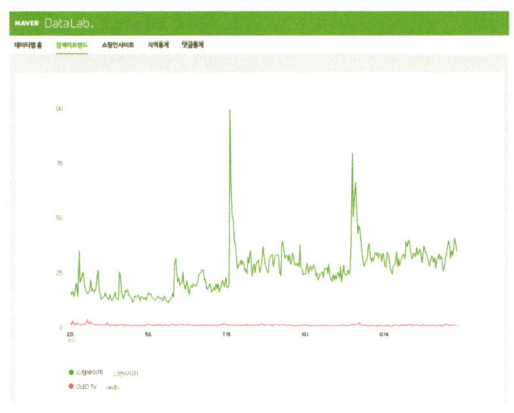

[그림 2. 'OLED TV'와 '스탠바이미'의 검색어 트렌드 비교 (출처: datalab.naver.com)]

초기 반응을 살핀 후 본격적인 고객검증을 위해서는 제품 출시 후 판매 추이 분석, 매장 세일즈맨 인터뷰를 진행합니다. 또한 20~30명 규모의 고객을 리쿠르팅 후 직접 대면 점검을 통해 기획 당시의 가설을 검증해야 합니다. 이 단계에서는 기획 시점에 선정한 핵심 가치와 차별화 요소가 고객이 제대로 인지하고 수용하는지 파악합니다. 특히 고객이 제품과 서비스를 이용하면서 느끼는 불만사항은 무엇인지 꼼꼼히 체크하게 됩니다. 이처럼 정성적인 조사를 통해 파악된 내용은 차후 제품 기획 시 반영되어 지속적인 제품 개선이 이뤄지게 되며 고객의 목소리를 충실히 귀 기울인 2세대, 3세대 제품이 지속 탄생하게 됩니다.

이러한 장점에도 불구하고 **정성적인 조사 방법은 담당자의 의도에 의해 왜곡되거나 주관이 개입되는 문제가 발생할 수 있습니다.** 추가로 한정된 시장과 소수 고객의 만남에서 얻은 편향된 결과를 경계해야 합니다. 따라서 정성적인 고객조사 이외 심층적이고 정량적인 빅데이터에 기초한 상품 적확도 검증이 활용되고 있습니다.

첫 단계는 **비정형 데이터인 고객의 소리(Voice of Customer) 수집과 분석입니다. 고객은 온라인 상에 수많은 디지털 흔적**을 남깁니다. 제조사 홈페이지, 구매 사이트, 네이버 카페, 그리고 소소한 일상을 나누는 커뮤니티 등에 제품 사용 리뷰를 작성하거나 Q&A를 나눕니다. '인스타그램'과 같은 소셜네트워킹 서비스에도 제품 사진과 함께 글이 올라오며, '유튜브'의 전문 리뷰어 영상에는 수많은 댓글이 덧붙여 집니다.

이 모든 디지털 장소가 우리 제품에 대한 고객의 생생한 목소리를 들을 수 있는 소중한 통로입니다. 수많은 리뷰 댓글을 수집하여 어떤 단어들이 자주 언급되고, 어떤 면에 대해 긍부정 표현을 하는지 분석을 수행하게 됩니다. 제품 전반적인 고객의 반응을 모니터링하고, 어떤 경험 요소들에 긍정 혹은 부정적인 감정이 생기는지도 분석할 수 있습니다. 우리는 이 모든 과정을 통해 고객이 글로 남긴 수많은 표현과 소셜 네트워크 상에 등장하는 사진으로 실사용 환경의 사용 경험을 파악, 검증할 수 있습니다.

최근에는 세조사뿐만 아니라 온라인 판매 사이트에서도 고객의 리뷰 댓글을 빅데이터로 분석 후 제품을 구매하려는 고객이 참고하도록 도움을 줍니다. 아래 [그림 3]의 '아마존' 홈페이지에서는 원하는 제품을 검색하면 사진, 가격 등 기본적인 내용과 더불어 이 제품을 구매한 '아마존' 고객들의 평가 점수와 세부 내용이 키워드로 분류되어 있습니다. 현장에서 기획자들도 여기에 올라온 모든 리뷰를 읽으며 고객이 열광하는 부분과 불편한 점, 그리고 설치 환경 파악 등 인사이트를 읽는데 활용하곤 합니다.

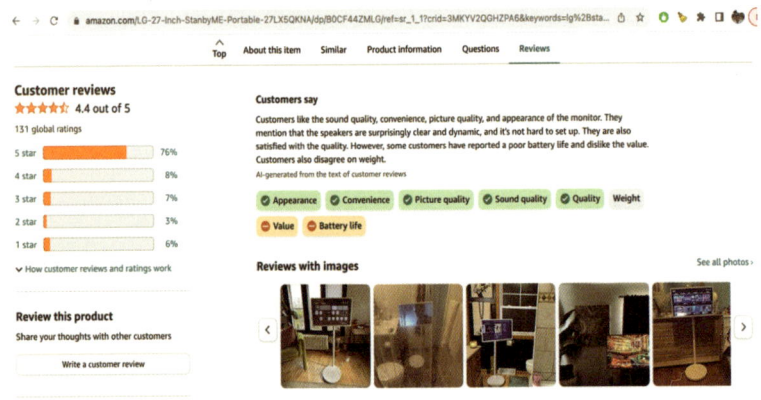

[그림 3. 미국 아마존 닷컴의 'LG StanbyME' 검색결과 (출처: 아마존)]

그러나 우리가 고객에게 진정한 가치를 제공하기 위해서는 **표면적으로 표출된 고객의 소리에서 한 단계 더 진화**해야 합니다. 왜냐하면 앞서 언급한 데이터는 경쟁사 또한 쉽게 활용할 수 있어 **차별화된 인사이트를 발굴**하는데 한계가 있기 때문입니다. 이 문제를 해결하기 위해 **고객 사용 데이터에 기반한 사용 로그 분석 및 활용**이 이뤄져야 합니다.

'넷플릭스', '유튜브', '스포티파이'와 같은 온라인 서비스들은 이미 서비스 초창기부터 모든 가입 고객의 사용 데이터들을 축적해오고 있습니다. 그래서 고객이 서비스에 진입한 순간부터 이탈할 때까지 온라인상에서 일어나는 고객의 일거수 일투족을 데이터로 수집하고 있습니다. 게다가 서비스를 가입할 때 등록한 성별, 나이, 거주지역, 관심사 등 고객 프로파일도 저장하고 있습니다. 이처럼 서로 다른 유형의 데이터셋을 결합하여 동일 연령대가 주로 시청하는 영화, 또는 나와 관심사가 비슷한 고객들이 선호하는 영화를 제안하는 등 추천 알고리즘이 동작하고 있습니다.

서비스 사용자는 개인 정보 및 시청 이력 등 데이터를 제공함으로써 콘텐츠 홍수 속에서 선택에 대한 고민을 덜어주는 도움을 받고, 서비스 사업자는 추천 알고리즘을 고도화하는 등 상호 이익을 얻게 됩니다. 비록 제공된 콘텐츠가 모든 사용자의 취향을 완벽하게 충족시키지 못할지라도 이러한 서비스는 데이터 기반의 고객 사용 패턴과 선호도를 정밀하게 파악하는 가치 있는 솔루션이 됩니다.

위의 사례는 서비스 기획 시 반드시 고려해야 할 고객 데이터의 활용 예시입니다. 최근에는 TV와 같은 스마트 디바이스를 기획할 때에도 고객 사용 데이터의 파악이 가능하도록 사전에 소프트웨어를 준비해야 합니다. 저자가 근무한 LG전자에서는 웹 오에스(webOS)가 채용된 스마트 TV를 최초로 런칭한 2014년부터 고객 사용 및 시청 데이터를 수집하였습니다. 물론 데이터 수집을 위해서는 서비스 사용 전에 수집 목적, 수집 항목, 저장 기간, 3자 제공, 익명화 등을 충분하게 설명 후 동의를 얻고 있습니다. 그리고 개인 정보 또한 가명으로 변환하여 임호화를 거쳐 철저히 보호하고 있으며 데이터 접근도 통제하고 있습니다. 고객의 시청 정보는 일정 시간이 지난 후 폐기를 하는 등 데이터 수집 및 분석의 투명성과 고객 프라이버시 보호를 한층 강화하고 있습니다.

고객이 동의한 경우에 한해서만 TV 시청 중 리모컨의 어떤 버튼을 주로 사용하는지, 셋탑박스, 게임기, 스마트폰 등 연결 기기는 무엇이고, 얼마나 자주 전환하는지 분석합니다. 벽걸이 혹은 스탠드 중 어떤 설치 형태인지, 주로 사용하는 설정 상태는 무엇인지 등 다양한 로그 데이터를 축적합니다. 그리고 스마트 TV 내 가장 사용 빈도가 높은 온라인 스트리밍 서비스는 무엇이고 전체 고객 중 몇 퍼센트가 사용하는 지 파악도 가능합니다.

최근에 출시된 '스탠바이미고' 와 같은 경우에는 이동성이라는 새로운 고객 경험 검증을 위해 야외에서 사용하는 빈도도 데이터로 검증이 가능합니다. 특히 배터리가 내장된 제품 특성 상 평균적으로 배터리 충전은 얼마나 자주 하는지 등 고객 실사용 환경을 데이터로 엿볼 수 있습니다. 여러 예시처럼 데이터는 고객과 직접 인터뷰하지 않더라도 부지불식간 표현되는 고객의 디지털 발자국입니다. 데이터를 들여다봄으로써 고객이 자주 사용하는 기능은 사용 편의성을 향상시키고, 사용 빈도가 낮거나 사용 단계가 복잡한 기능은 제거하거나 보완하는 E-R-R-

C(Eliminate-Reduce-Raise-Create)활동을 수행합니다.

　기획한 제품의 특징이 고객에게 제대로 전달, 사용되고 있는지 여부를 점검하는 상품 적확도 검증은 필수적인 과정입니다. 이 활동은 정성적인 활동과 더불어 빅데이터 기반의 보다 정확한 분석이 추가되어야 합니다. 그리고 수집된 데이터와 인사이트가 신속하게 신상품 기획에 반영되는 선순환 사이클이 이뤄짐으로써 빠른 시장 대응과 기획의 완성도가 제고되는 긍정적인 효과를 거둘 수 있습니다.

키워드와 요약

- 데이터 기반의 검증을 위해 사용후기, 커뮤니티, 블로그, 소셜 네트워크 등 온라인 상에 고객이 남긴 디지털 흔적을 분석한다

- 제품 사용 데이터에 기반한 로그 분석은 차별화된 인사이트를 발굴하는데 활용된다

제 6장

고객 경험 디자인

'상품기획의 새로운 패러다임'

고객 경험 디자인은 단순히 제품 사용의 편리함을 넘어, 고객이 브랜드와 상호작용하는 모든 접점을 설계하는 과정입니다. 고객 경험 여정을 구체적으로 파악, 설계하고 UI/UX를 포함한 경험요소를 최적화함으로써 고객 만족도를 높이고 탁월한 경험을 선사합니다. 성공적인 고객 경험은 기업이 시장에서 차별화되고 고객과 깊이 연결될 수 있는 핵심 전략입니다.

상품기획과 고객 경험은 신사업과 신제품 개발의 핵심적인 연결고리입니다. 상품기획의 궁극적인 목표는 매출 증대를 통해 사업 성장을 도모하는 것이며, 이를 달성하기 위해 고객 만족의 극대화는 필수 요소입니다. 특히, 고객이 제품과 서비스를 사용하며 느끼는 만족감은 사용 과정에서 경험한 요소들에 크게 영향을 받습니다. **고객 경험은 외부 자극과 상호작용으로 형성된 개인의 주관적이고 감정적인 인식**입니다. 이러한 특성 때문에 객관적인 기준으로만 '좋다' 혹은 '나쁘다'를 평가하기는 어렵습니다.

　예를 들어, 최고급 리조트에서의 휴가는 숙소의 상태, 레스토랑 식사, 레저 활동, 부대시설 등 모든 측면에서 뛰어나야 고객에게 탁월한 경험을 선사할 수 있습니다. 이처럼 높은 수준의 경험을 하게 되면 고객은 이후의 휴가 경험에 대해 더욱 높은 기준을 적용하게 됩니다. 결과적으로 새로운 경험은 기존에 형성된 기준에 따라 '우수', '보통' 또는 '미흡'으로 평가됩니다. 고객이 과거에 경험한 탁월함의 정도가 현재의 기대와 판단과 얼마나 큰 영향을 미치는지를 보여줍니다.

　고객 경험의 이러한 주관적 특성은 산업별로 접근 방식과 차이를 만듭니다. 제조업은 출시 후 고객 반응을 분석해 개선하는 데 주력하는 반면, 서비스 산업은 실시간 피드백에 기반한 고객 경험이 더 중요합니다. 이제 상품기획자도 긍정적인 고객 경험을 창출하고 이를 통해 사업 성장에 기여하기 위해 경험 디자인의 영역으로 시야를 확장하고, 사고의 전환을 해야 합니다.

　2021년 7월 한국 시장에 출시된 '스탠바이미'는 차별화된 고객 경험 창출을 통해 성공한 사례로 주목받습니다. 이 제품은 단순히 독특한 디자인과 터치 스크린 등 신기능을 넘어 고객의 삶의 방식을 고려한 고객 경험을 설계했습니다. 젊은 1인가구를 겨냥하여 작은 거주 공간과 장식장이 없는 환경을 고려해 일체형 스탠드 디자인과 이동 가능한 바퀴를 적용했습니다. 또한, 소파나 침대에서도 편안하게 콘텐츠를 즐길 수 있도록 높낮이 조절과 상하좌우 회전 기능을 제공하며 사용 경험을 극대화했습니다.

　오늘날 상품기획자는 제품의 기능과 디자인을 넘어 고객과의 모든 상호작용을 설계하고 잊을 수 없는 경험을 제공하는 역할을 맡아야 합니다. 이 장에서는 고객 경험을 전문적으로 살펴보고 상품기획자의 관점에서 재조명하며, 이를 제품과 서비스 기획에 어떻게 효과적으로 적용할 수 있을지 논의합니다. 이를 통해 고객 경험을 깊이 이해하고, 혁신적인 제품과 서비스를 창출할 수 있는 인사이트를 제공하고자 합니다.

1
고객 만족은 왜 중요한가?

    소비자들이 상품과 서비스의 품질을 평가할 수 있도록, 1996년 미국에서 고객만족도 지수(ACSI; American Customer Satisfaction Index)가 도입되었습니다. 이 모델은 기업과 기관이 고객 만족도를 벤치마킹하고 고객 관계를 체계적으로 관리할 수 있도록 설계되었고, 오늘날까지 여러 분야에서 활용되고 있습니다.

    ACSI 프레임워크는 **품질 인식에서 출발한 고객 경험이 브랜드 충성도로 이어지는 경로**를 의미합니다. [그림 1]에 보듯이 필요와 과거 경험을 바탕으로 한 고객 기대는 품질 인식에 직접으로 영향을 미치며, **품질 인식**은 다시 **인식된 가치**로 이어집니다. 이 두 요소는 **고객 만족을 결정짓는 핵심 요인**이며 **브랜드 충성도로 연결되어 기업의 장기적 성과를 좌우**합니다. 특히, 고객이 지불한 비용 대비 제품이 제공하는 가치를 어떻게 느끼는지가 중요한 역할을 합니다. 이 '인식된 가치'는 상품 컨셉 시각화 단계에서 활용되는 컨셉 보드의 가치 제안과 밀접히 연관됩니다.

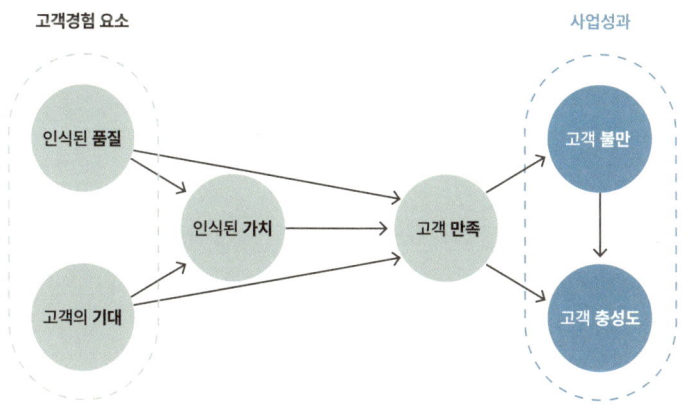

[그림 1. American Customer Satisfaction Index, 1996, Fornell]

글로벌 전자제품 제조사는 ACSI 점수를 통해 고객들이 스마트폰의 배터리 수명과 소프트웨어 업데이트 지연에 불만을 가지고 있다는 사실을 발견했습니다. 고객 피드백을 분석하여, 배터리 성능과 업데이트 속도가 주요 불만 요인이라는 것을 확인하였고, 고객 경험에서 '품질 인식'과 '인식된 가치'의 하락으로 이어졌습니다.

개선을 위하여 고객 경험 디자인 관점에서 세 가지 접근법을 취하게 됩니다. 첫째, 더 긴 배터리 수명을 제공하는 기술을 개발하고 제품 광고에서 배터리 성능을 명확히 강조했습니다. 둘째 소프트웨어 업데이트 주기를 단축하고 사용자 경험(User Experience)를 혁신하여 업데이트 과정이 쉽고 매끄럽게 이루어지도록 설계했습니다. 마지막으로 소셜미디어를 통해 고객들이 쉽게 의견을 남길 수 있는 채널을 마련하였습니다.

이후 ACSI 점수가 개선되었고, 고객 충성도와 시장 점유율이 상승했습니다. 이처럼 ACSI 모델은 기업이 제공하는 제품과 서비스에 대한 고객 경험을 세밀하게 분석하고, 고객 충성도와 사업 성과를 동시에 높일 수 있는 전략 수립에 중요한 도구가 됩니다.

고객 경험 디자인의 궁극적 목표는 고객의 기대를 충족시키고, 탁월한 품질을 통해 고객 충성도를 높이며 사업 성과에 기여하는 것입니다. 이 모델이 제시하는 다양한 구성 요소 간의 상호작용은 고객 경험의 중요성과 상품기획이 이 과정에서 수행하는 핵심 역할을 명확히 보여줍니다. 이어서 고객 경험과 만족도의 관계를 실질적인 예시를 통해 살펴보며 구성 요소 간의 관련성을 이해해 보겠습니다.

첫째, 고객 기대와 실제 경험의 상호작용은 고객 만족을 결정하는 핵심 요소입니다. 고객의 기대를 충족시키는 데 그치지 않고 이를 초과하는 경험을 제공함으로써, 기업은 고객 충성도를 지속적으로 높이고 장기적인 브랜드 신뢰를 구축할 수 있습니다. 예를 들어 리조트에서는 고객의 기대를 넘어서는 맞춤형 웰컴 서비스나 과거 사용 이력을 토대로 개인화된 객실 편의용품 제공과 같은 차별화된 경험을 선사할 수 있습니다. 이러한 경험은 고객이 반복적으로 서비스를 이용하게 하고, 긍정적인 입소문을 통한 신규 고객 유치에도 기여합니다.

둘째, 인식된 가치와 브랜드 충성도의 관점에서, **고객이 느끼는 가치는 단순히 제품이나 서비스의 가격과 품질을 넘어섭니다.** 고객은 브랜드와의 상호작용, 서비스의 일관성, 정서적 유대감의 가치를 형성합니다. 브랜드에 대해 긍정적인 감정은 재구매나 추천으로 이어져 충성도를 강화됩니다. 예를 들어 스타벅스는 단순히 커피를 마시는 장소를 넘어 자신의 라이프스타일을 반영하는 공간으로 자리 잡았습니다. 일관된 매장 내 분위기, 고객 맞춤형 서비스, 공정 무역 인증 커피 원두 사용 등은 고객이 인식하는 가치를 높이고 브랜드 충성도를 더욱 강화하는 데 기여합니다.

마지막으로, 데이터 기반 고객 경험 분석의 중요성을 강조할 수 있습니다. **고객 경험을 개선하기 위해 기업은 고객의 피드백과 행동 데이터를 분석하는 데이터 중심 접근법을 활용**해야 합니다. '제 5장: 상품 적확도 검증'에서도 언급했듯이 고객 만족도 설문, 구매 패턴과 같은 정량적 데이터와 고객 리뷰, 서비스 상담 기록과 같은 정성적 데이터를 종합적으로 분석함으로써 고객 기대와 실제 경험 간의 차이를 줄이는 전략을 수립할 수 있습니다. 이커머스 플랫폼 '아마존'은 고객의 검색 기록, 구매 데이터, 그리고 음성비서 '알렉사'를 활용한 음성 데이터까지 분석해 맞춤형 추천을 제공합니다. 또한 고객의 불만이 발생했을 때 이를 신속히 해결할 수 있는 고객 지원 시스템을 구축하여 긍정적인 경험을 강화할 수 있습니다.

고객 경험 디자인은 고객의 기대를 깊이 이해하고 이를 초과하는 차별화된 경험을 제공하는데 중점을 둬야 합니다. 정량적 데이터와 정성적 데이터를 활용해 고객의 목소리를 경청하고 숨겨진 니즈를 파악하여, 지속 가능한 비즈니스 성장을 이끌어야 합니다.

키워드와 요약

- 고객 만족은 사용 전의 기대와 실제 경험 사이의 상호작용에서 결정된다

- 인식된 가치는 단순힌 가격, **품질**을 넘어 브랜드와 정서적 유대감, 일관된 서비스 제공 등 다양한 요소에 의해 형성된다

- 고객 경험 개선을 위하여 정량적(설문조사, 구매패턴), 정성적 데이터(리뷰, 상담기록)를 종합적으로 분석하는 데이터 기반 접근 방법이 필요하다

2
고객 경험과 고객 만족에 기반한 성공과 실패

    2025년 현재, '샤오미'는 국내 소형가전 시장에서 공기청정기, 무선 선풍기, 무선 로봇청소기 등을 통해 견고한 입지를 구축했습니다. 2010년 설립 당시 국내 시장에 처음 진출했을 때는 '저가 중국산'이라는 선입견으로 인해 고객의 기대가 높지 않았습니다. 이러한 출발점에도 불구하고 샤오미는 기대를 뛰어넘는 완성도 높은 디자인, 내구성, 그리고 성능으로 점차 인정받기 시작했습니다. 특히 국내 브랜드와 품질 차이가 크지 않다는 사실이 고객들의 사용 후기를 통해 빠르게 퍼져 나갔습니다. 이에 따라 고객 인식이 점차 개선되었고 '가성비의 끝판왕'이라는 평가를 얻게 되었습니다. 이러한 긍정적인 고객 경험의 전환은 **비용 대비 우수한 성능과 깔끔한 디자인이라는 가치 제안**을 고객에게 확실히 인식시켰고 고객 만족도를 높이는 선순환 구조를 만들어 냈습니다.

    또한 샤오미는 고객 경험의 지속적인 진화에 주력하며, 스마트폰 앱을 통한 모든 기기간 연결성과 편리한 조작에 집중해 고객 경험을 혁신했습니다. 이러한 노력은 샤오미의 **브랜드 파워와 고객 충성도를 강화**했으며 이후 TV 시장 진출과 전기차 분야로의 사업 확장으로 이어지며 지속적인 성장을 견인하고 있습니다.

[그림 2. 샤오미 4K TV (좌), 전기차 (우) (출처: 샤오미 홈페이지)]

반면, 차별화된 제품으로 탁월한 고객 경험을 제공했음에도 불구하고 기술의 진보와 변화하는 고객 선호를 충족시키지 못해 사업을 철수한 사례로 LG 스마트폰이 있습니다. 물론 휴대폰 사업 철수는 상품기획, 연구개발, 마케팅, 영업, 품질 등 수많은 요인들이 복합적으로 작용한 결과입니다. 그러나 고객 만족 및 고객 경험 충족 실패라는 관점에서 몇 가지 주요 원인을 살펴볼 수 있습니다.

첫째, **고객 기대를 충족하지 못한 품질과 서비스**입니다. 스마트폰 시장에 후발주자로 진입한 LG는 애플과 삼성에 비해 하드웨어와 소프트웨어 개발 역량 및 자원이 부족하였습니다. 무한 부팅과 발열문제와 같은 결함이 발생했을 때 소프트웨어 업데이트가 지연되면서 고객 불만을 초래했습니다. 이는 이전에 더 나은 스마트폰 경험을 누린 고객들의 눈높이를 충족시키지 못한 결과였습니다. 결국 사용자 경험의 악화는 품질에 대한 부정적 인식을 가져왔고, 장기적으로 브랜드 신뢰를 크게 훼손시켰습니다.

[그림 3. LG 쿼티 피처폰(좌), LG G5 (우) (출처: LG전자 홈페이지)]

두 번째는 **고객 기대에 대한 잘못된 이해**였습니다. 피처폰 시절, LG는 쿼티 자판을 이용하여 문자 입력을 쉽게 하고, 알루미늄 소재를 디자인에 적용하는 등 여러 혁신적인 시도를 선보였습니다. 이러한 혁신은 스마트폰 시대로 접어들면서 대중의 기대나 요구와 일치하지 않았습니다. 예를 들어 가죽소재 적용, 교체 가능한 모듈형 디자인, 이중 스크린과 같은 독특한 기능은 일시적으로 주목을 받았지만 단순한 외형적 혁신에 머물렀습니다. 반면 메뉴 사용성, 다양한 애플리케이션, 그리고 감성적 사용자 경험을 개선하는 데 집중한 시장 선도업체들과의 격차는 점점

커졌습니다. 그 결과 LG의 시도는 제한된 수요 창출에 그치고 말았습니다.

이 두 사례는 **제품 컨셉의 독창성**뿐만 아니라 고객에게 제공되는 **긍정적인 경험의 질**이 얼마나 중요한지를 명확히 보여줍니다. 이에 따라, 고객 경험 디자인에 대한 접근 방법과 이를 구성하는 세부 요소들을 더욱 깊이 있게 탐구할 필요가 있습니다.

고객 경험 디자인은 단순히 제품이나 서비스를 개선하는 데 그치지 않습니다. 이는 **고객과의 지속적이고 긍정적인 관계를 구축**하여, 기업이 시장에서 경쟁력을 유지하고 지속적인 성장을 이루는 데 핵심적인 역할을 합니다. 그렇다면 고객 경험 디자인은 어디서부터 시작해야 할까요? 고객 경험의 설계는 사용자와의 첫 접점인 '사용자 인터페이스'에서 시작해, 제품이나 서비스를 사용하는 전체 과정인 '사용자 경험'으로 확장되며, 궁극적으로 브랜드와의 모든 상호작용을 포함하는 '고객 경험'으로 이어집니다.

다음 장에서는 위 세가지 기본 개념과 각 단계가 고객 경험 디자인에서 어떻게 유기적으로 연결되는지를 살펴보겠습니다.

[키워드와 요약]

- 고객의 기대를 뛰어넘는 성능과 긍정적인 경험은 제품 만족도를 결정짓는 핵심 요인이다.

- 제품의 성공은 독창적인 컨셉에 더해 고객이 경험하는 가치와 질에 좌우된다

- 고객 경험은 제품 혁신을 넘어 고객의 기대와 요구를 정확히 이해하고 충족시켜야 한다

3
고객 경험 디자인의 기본 : UI - UX - CX

저자는 첫 직장인 LG전자 디자인연구소 UI팀에 근무하며 고객 경험 디자인의 초기 단계를 경험했습니다. UI팀의 주요 업무는 냉장고, 세탁기 등 가전제품의 조작 버튼과 표시부 인터페이스 설계, 사용성 평가 그리고 디지털 TV 및 셋탑박스의 그래픽 유저 인터페이스(GUI) 메뉴 구조 설계였습니다. 이 작업은 고객이 제품을 쉽게 이해하고 편리하게 사용할 수 있도록 돕는 고급 경험 설계의 초기 단계에 해당합니다.

당시에는 사운드와 햅틱 피드백 같은 감성적 요소도 고려되었으나 주로 기능적 최적화에 중점을 두었습니다. 시간이 지나며 기능의 상향 평준화가 이루어짐에 따라, 단순한 효율성보다는 고객 경험 전반에서 감동을 선사하는 전방위적인 접근이 요구되기 시작했습니다.

이번 장에서는 고객 경험 디자인의 시작점인 사용자 인터페이스의 기본 개념부터 사용자 경험 설계로 이어지는 발전 과정을 살펴보겠습니다.

사용자 인터페이스(UI, User Interface)는 제품과의 상호작용을 구상하고 설계하는 기본 단계로서 효과적인 설계로 작업의 효율성을 중요하게 여깁니다. 주요 구성요소로는 화면에 표현되는 시각적 요소인 버튼, 아이콘과 메뉴구성, 레이아웃 그리고 물리적인 요소까지 포함합니다. 미적으로 깔끔하고 단순하면서도 사용자 친화적인 디자인에 중점을 두며, 직관적인 디자인이 사용자 경험에 크게 기여합니다.

2010년대 스마트 TV 초창기 UI는 전통적인 TV의 채널 변경과 볼륨 조절, 입력 전환 등 설정메뉴에 더해 스마트폰의 앱스토어 개념을 이식하였습니다. 이 과정에서 사용자 경험이 복잡해지고 제품도 느리다는 고객 반응과 심지어 스마트 TV를 이용하기 위해서 사용법을 공부해야 한다는 자조 섞인 피드백이 있었습니다.

[그림 4. LG webOS스마트 TV 홈 UI (출처: IT조선 홈페이지)]

LG전자는 '휴렛-팩커드'로부터 웹오에스 플랫폼을 전략적으로 인수한 후 완전히 새롭고, 혁신적인 홈 UI를 도입하여 차별화된 사용자 경험을 선사하였습니다. [그림 4]와 같이 단순하지만, 직관적이고 쉬운 UI를 2014년 TV 신제품에 최초로 도입하여 언론과 고객으로부터 찬사를 받았습니다.

사용자 경험(UX, User Experience)는 단순한 사용성을 넘어 제품 사용의 모든 측면에서 전반적인 경험을 **설계**하는 단계입니다. 이는 고객이 제품이나 서비스와 상호작용하면서 느끼는 **주관적 경험으로 사용 편의성, 감성적 만족, 효율성, 그리고 전반적 만족도**가 핵심 요소로 작용합니다. 좋은 UX를 설계하려면 **사용자의 요구, 행동, 기대를 깊이 이해**해야 하며, 이를 위해 고객 인터뷰, 현장 방문, 사용 행태 관찰, 매장 구매 동행 등 입체적인 접근법이 활용됩니다. 또한 UI는 UX의 핵심 구성 요소로, 직관적이고 사용하기 쉬운 UI는 전체적인 UX를 개선하고 고객의 만족도를 높이는 데 중요한 역할을 합니다.

고객 경험(CX, Customer Experience)는 고객이 제품이나 브랜드와 관련해 겪는 모든 상호작용을 포함하는 포괄적 개념입니다. **CX는 UX와 UI를 넘어 서비스 제공, 지원 서비스, 브랜드 인식 등 모든 접점**을 아우르며, 고객이 브랜드와의 상호작용하는 과정에서 느끼는 감정과 경험을 개선하여 고객 충성도를 높이고 브랜드 가치를 강화하는데 중점을 둡니다.

CX는 브랜드 인식, 탐색, 구매, 배송, 사용, 사용 후의 과정까지 포함하며 이를 종합적으로 '**고객 여정**(Customer Journey)'라고 정의합니다. CX의 목표는 브랜드와의 모든 접점에서 고객에게 일관되고 긍정적인 경험을 제공하여 충성도를 강화하는 것입니다. 이는 궁극적으로 비즈니스 성과를 향상시키는 핵심 요소로 작용합니다.

따라서 고객 경험 디자인은 단순히 제품이나 서비스의 기능을 구현하는 것을 넘어, 고객이 제품과 상호작용하는 전반적인 과정을 포괄적으로 접근해야 합니다. 이를 위해서는 특정 영역에 국한되지 않고, 상품기획자뿐만 아니라 마케터, 판매 현장, 배송, 고객서비스 등 모든 분야가 협력하여 통합적인 관점에서 고객 경험을 설계해야 합니다.

UI (User Interface)	• 사용자가 제품, 서비스를 사용할 때 상호 작용하는 접점 • 화면의 시각적 요소, 버튼, 메뉴, 레이아웃 등 사용자가 접하는 요소들을 설계 • 미적으로 아름답고, 직관적이며, 사용자 친화적인 디자인을 만드는 것이 목표
UX (User Experience)	• 사용자가 제품, 서비스를 이용하는 동안 느끼는 전반적인 경험 • 사용자의 행동, 요구사항, 기대를 분석하여 사용 과정에서 긍정적인 경험을 만드는 것 • 사용 편의성, 감성적 만족도, 효율성을 향상 시키는 것이 목표
CX (Customer Experience)	• 고객의 경험 여정에서 브랜드와 관련한 전반적인 인식과 모든 상호작용 포함: 온/오프라인에서 제품 사용뿐만 아니라 서비스 제공, 지원 서비스 등 모든 접점 • 모든 상호작용에서 느끼는 감정과 경험을 개선, 고객 충성도를 높이고 브랜드 가치 강화 • 긍정적이고 의미 있는 경험을 만드는 것이 목표

[그림 5. UI, UX, CX 단계별 특성]

고객 인사이트 발굴 프로젝트를 함께 수행했던 '포노사피엔스'의 저자인 성균관대학교 최재붕 교수는 고객 경험에 대해 깊이 있는 통찰을 제시했습니다. 그는 습관의 변화는 뇌의 지시에 의해서만 일어날 수 있으며, 이를 촉발하는 것은 나를 만족시키는 압도적인 경험이라고 설명했습니다. 욕망이 뇌에서 시작되고, 그 해결이 얼마나 빠르고 단순하게 이루어지는지가 습관 형성을 결정짓는 주요 기준이라는 것입니다. 즉, **탁월한 경험이 새로운 습관의 시작점이 된다는 점을 강조했습니다.**

또한 고객 경험 관점에서 '기능이 구현되었다'는 것은 고객의 기대와 경험이 완벽히 충족될 때에만 비로소 의미를 갖는다고 할 수 있습니다. 제품과 서비스의 세심한 디테일까지 철저히 고려될 때 궁극적인 고객경험이 완성됨을 시사합니다. 따라서 기술 개발은 단순히 기능 구현에 그치지 않고 고객에게 의미있는 경험을 제공하는 데 초점이 맞춰져야 합니다.

기능과 경험을 기획 관점에서 명확하게 정의하면, **기능이란 제품이나 서비스가 수행할 수 있는 구체적인 작업이나 활동**을 말합니다. 스마트폰으로 전화걸기, 메시지보내기, 애플리케이션 사용 등이 포함됩니다. 기능은 주로 제품의 기술적인 면과 관련된 성능, 내구성, 신뢰성, 효율성이 해당됩니다.

경험은 사용자가 제품이나 서비스를 사용하는 과정에서 느끼는 감각과 반응을 뜻합니다. 사용 용이성, 디자인 심미성, 만족도 및 제품을 접할 때 갖는 인상이 중요합니다. 일례로 사용자 인터페이스의 직관성, 미적 디자인, 브랜드와 심리적인 유대감 등이 경험에 포함됩니다.

'기능은 제품이 무엇을 할 수 있는가'에 대한 것이고, '경험은 사용자가 그 제품을 사용하면서 느끼는 그 무엇'을 의미합니다. 두 개념은 서로 연결되어 있으며, 성공적인 제품은 훌륭한 기능과 뛰어난 사용자 경험을 모두 제공합니다.

'영상통화'하기 사례에서 우리는 기능 구현과 경험 완성의 차이를 쉽게 구별할 수 있습니다. 2019년 발생한 Covid-19이 야기한 팬데믹을 거치면서 가정 및 직장생활에서 영상통화나 화상회의 이용이 보편화 되었습니다. 팬데믹 이전에도 영상기반의 서비스 이용은 가능했습니다만 2020년 이후 활용이 폭발적으로 증가하여 이제는 '줌' 회의나 구글 '미트', 애플의 '페이스타임'을 자연스럽게 사용합니다.

'영상통화' 기능 구현이란 고객이 노트북이나 스마트폰에서 '영상통화' 앱을 구동하면 화면 상에 상대방 얼굴이 또렷하게 보이고 목소리가 선명하게 들리며, 나의 목소리도 끊김 없이 전달되어 상호 소통이 가능한 상태를 뜻합니다. 여기에 덧붙여 사용 경험을 향상하기 위하여 대화를 할 때 대화자의 위치에서 실제 목소리가 나오듯이 생생하게 들리거나, 화자가 이동을 하면 카메라가 자동으로 줌인, 줌아웃 되면서 전체 화면 안에 보여줍니다. 이처럼 기본 기능이 완벽히 구현된 후 보다 고도화 됨으로써 고객 사용 경험이 개선되었다라고 할 것입니다. 애플은 영상통화 서비스에서 실제감 있는 사용 경험을 제공하기 위하여 '몰입형 공간 오디오(Spatial Audio)'를 적용하였습니다.

'영상통화'의 예에서 보듯이 사용 경험 개선만으로도 고객에게 충분한 만족감을 줄 수 있습니다. 뛰어난 기획자라면 여기서 멈추지 않고 '와~ 이런 것도 가능하네!'라는 와우를 선사하려면 무엇을 더 살펴봐야 할까요?

[그림 6. 영상통화 고객 경험 고도화 단계]

저는 맥락기반의 고객 경험 디자인에서 그 해답을 찾고자 합니다. 요즘은 인기가 예전만 못하지만 TV 채널을 넘기다 우연히 접한 TV 홈쇼핑은 소소한 즐거움이 되곤 합니다. 만일 TV 홈쇼핑에서 맘에 드는 여행상품이나 물건을 판매 중일 때 엄마에게 선물하고 싶은 상황이 발생한다고 가정해봅니다. 핸드폰이 안방 충전기에 있어 가지러 가기 귀찮은데 스마트 TV에서 영상통화가 가능하다면 '엄마에게 전화해줘'라고 명령을 내립니다. 스마트 TV가 '스마트' 하다면 '전화해줘'라고 TV앞에서 지시한 사람의 목소리나 얼굴을 인식한 후 '엄마'에게 자동으로 영상통화가 연결할 것입니다. 다시 말하면 고객이 기대하는 '영상통화'라는 기능이 자연스럽게 이뤄지게 됩니다. 상황을 돌이켜 보면 만일, 나의 자녀가 TV 사용자라면 어떻게 될까요? 이 경우에 '엄마'는 나의 아내가 될 것이고, 내가 TV 사용자라면 '엄마'는 나의 엄마, 곧 내 자녀의 할머니가 될 것입니다. 이처럼 단순한 명령이 때로는 상황에 따라 맥락을 파악하여 정확하게 이뤄질 때 고객의 기대가 충족될 것입니다.

또 다른 예로, 로봇청소기로 거실 청소를 하던 중 '영상통화'가 오는 상황을 가정해 보겠습니다. 이때 스마트 TV는 주변 소음을 인식해 음량을 자동으로 높일 수 있으며, 로봇청소기가 '스마트홈' 시스템에 연결되어 있다면 동작을 일시 정지할 수도 있습니다. 더 나아가, 대화를 화면에 자막으로 표시하는 기능은 더욱 맥락에 맞는 고객 경험 개선으로 평가받을 것입니다.

고객의 개인적인 상황을 이해하고, 주변 환경을 능동적으로 인식해 최적화된 경험을 제공할 때, 고객은 단순한 만족을 넘어 "와우"라는 감동을 느낄 수 있습니다. 이는 기술과 감성이 조화를 이루며 기대를 초과하는 혁신적인 가치를 전달하는 고객 경험 디자인의 핵심 요소라 할 수 있습니다. 기획자로서 최고의 제품을 만드는 여정은 단순히 기능을 제공하는 것을 넘어 **삶에서 기술을 활용하는 방식을 새롭게 정의하고 환상적인 고객 경험을 설계**하는 데 있습니다.

지금까지 우리는 기획 단계에서 고객의 문제를 해결하기 위한 디자인 솔루션을 도출하는 데 있어 **사용자 인터페이스(UI), 사용자 경험(UX), 고객 경험(CX)** 관점에서 상세히 살펴보았습니다. 이러한 요소들은 각각 분리된 단계로 접근하는 대신 **통합적인 관점에서 유기적으로 결합**하여 고객에게 감동을 선사하는 경험을 설계하는 데 중점을 두어야 합니다. 이를 통해 고객은 단순한 만족을 넘어, 브랜드와의 깊은 연결과 신뢰를 형성하게 될 것입니다.

키워드와 요약

- 사용자 인터페이스(UI)는 제품과의 상호작용을 구상하고 설계하는 기본 단계로, 직관적이고 효율적인 작업 수행이 목적이다

- 사용자 경험(UX)는 단순한 사용성을 넘어, 제품 사용의 전반에서 고객이 느끼는 감성적, 기능적 경험을 종합적으로 설계하는 개념이다

- 고객 경험(CX)는 UX와 UI의 범위를 확장하여, 서비스 제공, 지원 서비스, 브랜드 인식 등 고객이 제품 및 브랜드와 상호작용하는 모든 접점을 포괄하는 종합적인 개념이다

4
고객 경험 여정 설계하기

통합적 접근의 고객 경험 디자인을 위해서 제품 혹은 서비스의 사용 단계별로 구분하여 살펴보는 고객 경험 여정을 실무에서 종종 활용하곤 합니다. **고객 경험 여정(Customer Experience Journey)**은 고객 경험 이해의 기초가 되며, 서비스 제공 관점이 아닌 고객의 의사결정, 행동 관점에서 작성되어야 합니다. **고객이 특정 브랜드, 제품 또는 서비스를 탐색하고 구매하며 사용하는 모든 과정을 고객의 관점에서 시각적으로 표현한 도구**입니다. 이는 고객과의 모든 상호작용 접점을 체계적으로 분석하고 설계함으로써 고객이 느끼는 경험의 질을 향상시키고 브랜드 충성도를 강화하는 핵심 역할을 하겠습니다. 따라서 상품 기획 및 경험 디자인 관점에서 볼 때 고객 경험 여정은 고객 중심의 전략을 수립하고 감동을 선사하는 경험을 설계하는 기반이 됩니다.

고객 경험 여정의 장점은 다음과 같습니다.

첫째, 생산자, 서비스 제공자 관점이 아닌 **고객의 관점에서 우리 제품과 서비스를 이해**할 수 있습니다. 고객이 브랜드, 제품, 서비스와 상호작용하는 모든 접점을 시각화 하며, 이를 통해 기업은 고객의 관점에서 전반적인 경험을 이해하고 고객이 느끼는 불편함이나 만족의 순간을 정확히 파악할 수 있기 때문입니다.

둘째, **문제점과 기회발견이 가능**합니다. 고객이 어려움을 겪는 특정 포인트(페인 포인트)와 개선할 수 있는 영역을 식별할 수 있습니다. 동시에 고객의 기대를 초과할 수 있는 기회를 발굴하는 데도 유용합니다.

셋째, **부서간 협업 촉진이 가능**합니다. 고객과의 상호작용이 다양한 부서에 걸쳐 이루어진다는 것을 강조합니다. 부서간 협업을 유도하고 통합된 고객 경험 설계에 기여합니다.

마지막으로 **일관성과 품질을 보장**합니다. 브랜드가 제공하는 경험의 일관성을 유지하고 품질을 보장할 수 있습니다. 이는 고객 충성도와 만족도를 높이는데 중요한 요소입니다.

다음의 두 사례에서 고객 경험 여정을 파악하고 작성하는 힌트를 얻기를 기대합니다.

2021년 이후 온라인 기반의 온택트 활동이 일상화되면서, 스마트 TV를 활용한 메타버스 기반 신규 서비스 기획을 제안하였습니다. 후보 서비스는 TV의 강점인 대화면, 몰입감 높은 시청각 경험, 그리고 사용 편의성을 극대화할 수 있는 **온라인 미술관**이 선정되었습니다. 웨어러블 디바이스 동등 수준의 개인화된 경험은 제공하기 어렵지만 여러 사람이 함께 감상할 수 있다는 TV만의 특장점을 활용한 서비스로 특화 시켰습니다.

신규 서비스 기획의 첫 단계는 고객이 미술관을 방문하는 과정을 고객 경험 여정으로 분석하는 것이었습니다. 고객 경험 여정의 시작은 유명 전시를 인지하고, 관심을 갖게 되어 홈페이지나 소셜미디어를 검색하는 단계에서 출발합니다. 이후 방문 계획을 세우고, 실제로 미술관의 작품을 감상한 후 방문 경험을 소셜미디어나 블로그에 글과 사진으로 공유하며 스토리를 나누는 것이 일반적인 과정입니다.

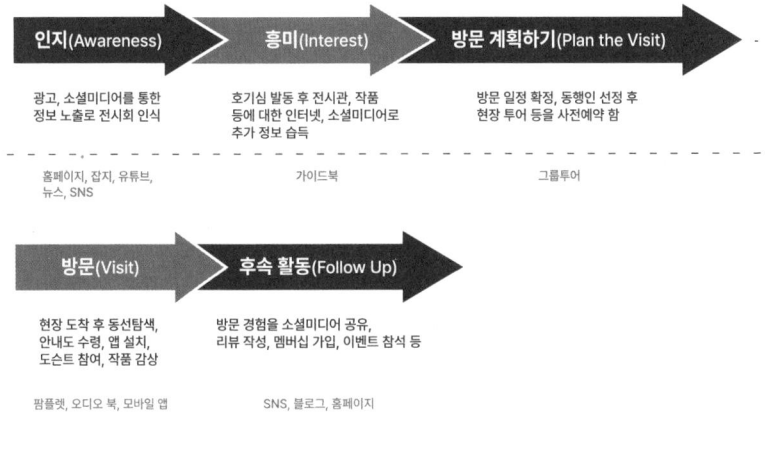

[그림 7. 미술관 방문의 고객여정]

오프라인의 고객 경험을 스마트 TV의 온라인 서비스로 어떻게 정의할 것인지 논의 후 기존에 파악한 미술관의 고객 경험 여정을 토대로 스마트 TV 환경에 적합한 **핵심 단계**를 [그림 7]과 같이 정의하였습니다.

고객이 흥미로운 전시회를 인지하는 단계부터 방문 경험을 후기로 남기는 단계까지, 실제 고객의 행동을 관찰함으로써 각 단계에서 고객이 느끼는 긍정적, 부정적 감정을 파악하고 이를 개선하기 위한 방안을 도출할 수 있었습니다. 특히 고객이 어려움을 느끼는 지점을 식별하여 이를 해결할 수 있는 개선책을 마련하였으며, 마지막으로 고객의 기대와 실제 경험간의 차이를 분석해 이를 줄이기 위한 전략을 수립하였습니다.

아래 [그림 8]는 메타버스 서비스가 새로운 트렌드로 부상할때 'Spatial'사가 구현한 가상 세계의 미술관을 보여줍니다.

[그림 8. 인터랙티브 아트 갤러리 (출처: Spatial 홈페이지)]

[그림 9]는 소비재 가전 제품에 대한 고객 경험 여정을 세분화하여 설명한 사례입니다. TV와 같은 소비재 제품은 물론 타 분야에도 적용할 수 있습니다. 고객 경험 여정은 **사용 전, 사용 중, 사용 후**의 세 가지 주요 단계로 나눌 수 있으며, 제품과 서비스의 특성이나 이를 활용하는 부서의 목적에 따라 특정 단계를 더욱 심층적으로 분석할 수 있습니다.

예를 들어, **마케팅 부서**는 고객이 제품을 인지하고 탐색하는 초기 단계에 초점을 맞춰야 합니다. **영업 부서**는 고객이 제품을 구매하는 과정에서의 경험을 세밀히 분석해야 합니다. **상품기획자**의 경우, 제품이 고객 손에 전달된 이후의 경험이 특히 중요합니다. 언박싱, 조립, 설치, 초기 설정과 같은 과정은 제품의 첫인상을 결정짓는 '진실의 순간'으로 이러한 초기 경험이 고객이 제품에 대해 긍정적인 이미지를 형성하는 데 핵심적인 역할을 합니다.

구분	단계	정의	주요 고객 행동	접점 장소 및 채널
사용전	인지 (Aware)	필요성 인지 및 제품 인식	광고 시청, 추천, SNS 이용	홈페이지, SNS, 광고, 인플루언서
	탐색 (Explore)	정보 탐색 및 비교	후기 탐색, 검색, 체험, 매장 방문	온라인 쇼핑몰, 커뮤니티, 유튜브, 매장
	결정 (Decide)	대안 비교 및 구매 의사 결정	조건 비교, 구매처 선택	제품 상세페이지, 비교 플랫폼
	구매 (Purchase)	제품 구매 및 결제	결제, 렌탈, 중고거래	결제 페이지, 오프라인 매장, 중고 사이트
	배송 (Delivery)	상품 수령	배송 요청/조회, 방문 수령	문자, 이메일, 매장, 고객지원
사용중	사용 준비 (On-board)	사용 환경 준비 및 설정	언박싱, 제품 등록, 앱 설치	영상 가이드, 앱, 커뮤니티, 설명서
	사용 (Use)	제품/서비스 사용 및 학습	사용법 학습, SW 업데이트, 액세서리 구매	공식 블로그, 고객센터, 설명서
	관리 (Maintain)	문제 해결 및 유지 관리	AS 신청, 소모품 구매, 셀프케어	고객센터, 서비스센터, 설명서
사용후	폐기/교체 (Disposal/Replace)	제품 종료 및 전환	폐기, 교체, 재판매, 렌탈 해지	중고 사이트, 재활용 센터, 온라인 커뮤니티

[그림 9. 가전 제품 고객 경험 여정]

제품 **사용 과정에서도 고객 경험을 세심하게 설계**하는 것이 중요합니다. 사용 중 발생하는 문제를 쉽게 해결할 수 있는 설계는 고객의 스트레스를 줄여주며, 새로운 기능의 업그레이드는 고객에게 예상치 못한 즐거움을 제공하고, 브랜드 충성도를 높이는데 기여합니다. 최근에 생성형 인공지능 기술을 활용한 솔루션은 제품 사용 중 발생한 문제를 실시간으로 진단하고, 외부 기기의 연결 상태와 설정 환경을 분석하여 원인을 파악한 뒤 챗봇을 통해 상세한 해결 방안을 안내하는 단계까지 진화했습니다.

애플은 새로운 운영체제를 출시할 때 과거 3~5년 전의 기기에도 업데이트를 지원하는 하위 호환성을 제공합니다. 이를 통해 마치 신제품을 사용하는 듯한 새로움과 만족감을 느낄 수 있습니다. 이러한 경험은 단순히 기능을 제공하는 것을 넘어, 고객과의 정서적 유대감을 강화하고 브랜드 충성도를 더욱 공고히 하는데 핵심적인 역할을 합니다.

고객 경험 여정은 상품기획과 경험 디자인에서 고객 중심의 전략을 수립하는 나침반 역할을 합니다. 고객이 브랜드와 상호작용하는 전 과정을 체계적으로 분석하고, 고객의 기대를 충족시키는 동시에 감동을 선사하는 상품과 서비스를 설계할 수 있도록 돕습니다. 이를 효과적으로 활용하려면 충분한 자원과 실행력이 필수적이며 정기적인 분석과 업데이트를 통해 변화하는 고객 요구와 시장 상황에 유연하게 대응해야 하겠습니다.

키워드와 요약

- 고객 경험 여정은 고객이 특정 브랜드, 제품, 서비스를 탐색하고 구매하며 사용하는 모든 과정을 고객 관점에서 시각적으로 표현한 도구이다.

- 고객 경험 여정은 사용 전, 사용 중, 사용 후의 단계로 크게 나눌 수 있으며, 제품과 서비스의 특성과 활용하는 부서에 따라 특정 단계를 심층적으로 분석한다

5
디즈니가 추구하는 최고의 고객 경험

애플과 디즈니는 각각 제품과 서비스 분야에서 탁월한 고객 경험을 제공하는 대표적인 기업으로 널리 인정받고 있습니다. **애플**은 **고객중심 디자인과 혁신적인 기술을 통해 최상의 사용자 경험**을 선사하며, **디즈니는 서비스와 콘텐츠를 통해 감동적이고 매력적인 경험**을 제공합니다. 다음에서는 디즈니와 관련된 다양한 사례로부터 탁월한 고객 경험이 무엇인지, 그리고 고객의 마음을 사로잡는 핵심 요소들이 무엇인지 구체적으로 살펴보겠습니다.

저자가 미국에서 근무하던 당시, 우리 가족의 디즈니월드 첫 방문은 단순한 여행이 아닌 **마법 같은 모험**으로 시작되었습니다. 5월 메모리얼 데이 연휴에 맞춰 디즈니월드를 방문하기 위해 2월에 인터넷으로 예약을 완료한 직후, 디즈니는 여행을 기다리는 시간마저 특별하게 만들어 주었습니다. 디즈니는 리조트의 매력을 담은 **DVD와 카달로그**를 보내주어 가족 모두가 미리 설렘을 느끼며 준비할 수 있도록 했습니다. 출발 한 달 전에는 **디즈니 캐릭터가 새겨진 네임택**을 보내주어 여행 가방에 부착하며 다가올 모험에 대한 기대를 한층 더 높였습니다. 이처럼 **세심한 배려 덕분에 우리의 디즈니월드 방문은 예약 단계부터 이미 마법 같은 경험으로 시작**되었습니다.

여행의 날이 밝았고, 우리는 '올랜도' 공항에 도착했습니다. 게이트를 빠져나오자 디즈니 직원이 우리 가족을 미키 마우스가 그려진 디즈니 셔틀버스 탑승 장소까지 안내해 주었습니다. 리조트로 향하는 동안 모든 준비가 완벽하게 갖춰져 있었고, 우리는 특별하게 대우를 받고 있다는 느낌을 받았습니다. 리조트에 도착해 체크인을 할 때도 디즈니는 첫 방문인 우리 아이들을 위해 'First Visit' 배지를 선물하며 그 순간을 기념했습니다. 디즈니의 세심한 배려는 아이들에게 이곳이 단순한 방문지가 아니라 그들만의 특별한 모험이라는 인식을 심어 주었습니다. 그 순간부터 우리 가족의 디즈니월드 경험은 본격적으로 시작되었습니다. 여행 기간 동안 아이들은 배지를 자랑스럽게 착용하고 다녔으며, 이를 본 디즈니월드 직원들인 '캐스트 멤버'들은 아이들에게 친절한 말과 세심한 도움을 아끼지 않았습니다. 지금도 이 배지는 아이들의 책상 서랍 안에 소중히 보관되어 있으며 디즈니월드에서의 추억을 간직하고 있습니다.

[그림 10. 디즈니 첫방문 배지]

돌이켜 보면, 디즈니월드에서의 모든 순간은 단순한 관광을 넘어 우리 가족에게 잊지 못할 추억을 선사한 특별한 경험이었습니다. **디즈니의 체계적이고 세심한 배려는 단순한 만족을 넘어, 마치 마법 같은 경험 속으로** 우리를 깊이 빠져들게 만들었습니다. 이러한 모든 요소가 조화를 이루며, 디즈니월드는 단순히 세계 최고의 테마파크를 넘어 우리 가족에게 소중한 추억이 깃든 특별한 장소로 자리 잡았습니다.

    이러한 접근법은 **디즈니의 고객 경험 철학인 '모든 디테일이 중요하다'는 신념**에 뿌리를 두고 있습니다. 고객 경험을 설계할 때 작은 세부사항 하나에도 주의를 기울이는 디즈니의 철학은 고객에게 잊을 수 없는 감동을 선사합니다. 디즈니 경험의 세밀함과 고객과의 감정적 연결은 그들의 철학을 생생히 드러내며 이는 다음 사례를 통해 더욱 명확히 이해할 수 있을 것입니다.

디즈니월드와 같은 대형 리조트에서는 분실물이 흔히 발생합니다. 일반적인 리조트라면 자녀가 곰돌이 인형을 분실했을 때 고객 센터에 연락하여 인형을 찾으면 이를 소포로 발송하고, 작은 기념품이나 할인 쿠폰을 동봉해 고객의 마음을 달래며 긍정적인 이미지를 형성하려 할 것입니다.

그러나 디즈니의 캐스트 멤버들은 분실물 처리에서 한 걸음 더 나아갑니다. 단순히 물건을 찾아 돌려주는 것에 그치지 않고, 고객에게 잊지 못할 마법 같은 경험을 선사하며 브랜드와의 정서적 연결을 강화합니다. 그 중에서도 브루클린 앤드류스의 이야기는 특별한 고객 경험 철학을 잘 보여주는 대표적인 사례입니다.

브루클린이 3살이었을 때, 그녀의 아버지 앤드류스는 이라크파병을 떠나기 전 브루클린과 그녀의 형제들에게 특별한 테디베어 인형을 선물했습니다. 이 테디베어는 아이들이 아버지를 그리워할 때 안을 수 있는 소중한 존재였으며, 인형의 발을 누르면 아빠의 목소리로 "사랑한다"는 메시지를 들을 수 있도록 제작되었습니다.

아빠의 군 복무가 끝난 후, 가족은 디즈니월드에서 여러 차례 기억에 남는 여행을 했으며, 브루클린은 항상 그녀의 테디베어 '토비'와 함께했습니다. 2006년 어느날, 아버지 앤드류스가 갑작스럽게 세상을 떠나면서 브루클린은 '토비'를 통해 슬픔을 달랬습니다. 2014년, 가족은 다시 한번 디즈니월드를 방문하며 즐거운 시간을 보냈지만 돌아온 후 '토비'가 리조트에 남겨졌다는 사실을 알게 되었습니다. 브루클린의 엄마는 디즈니의 '사라토가 스프링스 리조트'에 연락해 '토비'를 찾을 수 있을지

문의했고, 이 감동적인 이야기는 소셜 네트워크를 통해 빠르게 퍼지기 시작했습니다.

[그림 11. '토비'의 여행 (출처: disneyparks.disney.go.com/blog)]

리조트의 매니저 소냐 디즈-번스는 "가족이 머물렀던 건물로 가서 토비를 찾았고, 그의 발을 눌러 메시지를 확인했습니다. 바로 브루클린이 찾던 테디베어임을 확신할 수 있었습니다"라고 전했습니다. 디즈니의 직원들은 단순히 '토비'를 찾아주는 것에 그치지 않고, 그에게 디즈니월드 곳곳을 여행하며, 놀이기구를 타고 여러 동물 친구들과 시간을 보내는 특별한 모험을 선물했습니다. 이후 가족에게는 '토비'의 모험이 담긴 사진 앨범을 함께 전달하며 잊지 못할 감동을 안겼습니다.

브루클린 가족에게 '토비'는 외롭게 방치된 인형이 아니라 디즈니월드의 마법 같은 여정을 함께한 특별한 존재로 기억되었고, 이는 디즈니가 고객 경험을 어떻게 차별화하고 깊은 감동을 전하는지 잘 보여주는 사례로 남았습니다.

이 사례는 디즈니가 고객의 감정을 이해하고 개인화된 경험을 중시하는 방식을 보여줍니다. 디즈니의 직원들은 고객의 상황을 깊이 공감하며, 그에 맞는 특별하고 잊을 수 없는 대응으로 고객의 실망을 기쁨으로 바꾸는 데 성공했습니다. 이 사례는 디즈니의 고객 경험 철학이 실제로 어떻게 구현되는지를 명확히 보여주는 사례로 저자가 MBA 과정에서 '고객 경험 관리'를 주제로 접한 이야기 중 가장 인상 깊게 기억에 남아 있습니다.

고객 경험은 기업의 시각이 아닌 **고객의 눈높이에서 출발해야만 진정한 가치를 발휘합니다.** 고객은 자신을 이해하고 공감해주는 기업의 진정성을 통해 브랜드에 대한 신뢰를 형성하며 그 결과로 제품과 서비스의 열렬한 팬이 됩니다.

따라서 진심을 담은 고객 경험 디자인은 **세밀함, 개인 맞춤형 접근**, 그리고 **감정적인 스토리텔링**을 중심으로 이뤄져야 합니다. 고객의 마음을 움직이는 기억에 남는 경험을 제공함으로써 단순한 만족을 넘어, 정서적 유대감을 형성하고 지속적이고 깊은 고객 충성도를 이끌어내는 것이 궁극적인 목표가 될 것입니다.

키워드와 요약

- 디즈니의 고객 경험 디자인은 섬세한 배려, 개인 맞춤형 접근, 감정적인 스토리텔링으로 구성되어 있다

- 고객의 감정을 깊이 공감하고, 잊지 못할 경험을 제공한다

- 단순한 만족을 넘어 고객과 정서적 유대감을 형성하고, 브랜드에 대한 충성도를 이끌어 낸다

6
고객 경험 디자인, 미래의 경쟁력을 결정짓다

고객 경험 디자인은 고객이 제품과 서비스를 사용하는 모든 단계에서 긍정적인 감정을 유도하는데 중점을 둡니다. 이는 단순히 만족스러운 경험을 넘어 기존에 없던 새로움, 기분 좋은 유쾌함, 그리고 예상을 뛰어넘는 감동적인 순간을 제공하는 것입니다.

동기이론으로 저명한 경영학자 허즈버그(Herzberg)는 위생 요인(hygiene factor)과 동기 요인(motivation factor)을 제시했습니다. 우리가 몸을 청결하게 하는 것은 병에 걸리지 않기 위한 기본 요인이듯이 위생 요인은 어떤 분야에서 자신이 경쟁하는 데 필요한 최소한의 서비스나 제품의 기본 기능을 의미합니다. 업무를 진행하면서 '만족스럽다'의 반대말을 '만족스럽지 못하다'는 것이 아닌 '만족스러움이 없다'고 정의하였습니다.

고객 경험 관점에서 제품과 서비스의 위생요인(hygiene factor)에 해당하는 기본 기능을 결함 없이 완벽하게 수행하고 난 후 한 걸음 더 나아가 감동을 선사하는 것입니다. 예를 들면 스마트폰 카메라가 흔들림 없는 선명한 사진을 찍는 것은 기본입니다. 하지만 촬영 대상이 사람인지, 풍경인지, 동물인지를 자동으로 인식해 각각의 특징에 최적화하여 얼굴 색상, 초록빛 자연, 세밀한 동물의 털 등을 생생하게 표현하여 실제처럼 보여주는 것은 기대를 초과하는 고객 경험이라 생각합니다.

이 상에서 다룬 사례와 이론들은 고객 경험의 중요성과 상품기획자가 어떤 방식으로 경험을 설계해야 하는지 통찰을 제공합니다. 그러나 여기서 멈추지 않고 **기대 이상의 감동을 제공하고, 맥락에 맞춘 세심한 설계와 감정적 연결을 통한 고객 충성도를 높이는 것**이 고객 경험 디자인의 궁극적인 목표입니다.

기획자로서 여러분이 만든 제품이 고객에게 '와우'를 선사할 준비가 되었는지 다시 한번 고민해 보십시오. 고객의 눈높이에서 시작해 그들의 마음을 움직이고, 신뢰를 구축하는 경험을 설계하는 과정은 단순히 사업의 성장을 넘어 브랜드와 고객 간의 지속적인 유대와 신뢰를 만드는 여정입니다.

고객에게 '와우'를 선사할 방법을 고민하며, 여러분의 제품과 서비스가 고객의 마음속에 잊을 수 없는 경험으로 자리잡기를 기대합니다.

글을 마치며

1. 프로덕트 매니저의 '허' 와 '실'
: 내가 상품기획을 사랑하는 이유

　새로운 제품을 기획할 때마다 불문율 같은 게 있습니다. 그것은 이 제품이 시장에 출시될 때 내가 가장 먼저 구입할 것인가 하는 것입니다. 내가 정말 갖고 싶은 제품을 기획해야 하며 나조차 사고 싶지 않은 제품을 기획하지 말라는 의미입니다. 이는 곧 일을 위한 일을 하는 것을 경계하라는 것과 같습니다. 혁신을 위한 혁신, 일과 제품에 대한 애착이 없이 관성적으로 진행하는 것을 많이 목격하게 됩니다.

　그렇다면 상품기획은 무슨 업무가 핵심이고 진정성을 갖기 위해서 무엇이 필요할까요? 먼저 상품기획이란 용어는 일본 전자업체에서 유래한 것입니다. 1980년~90년대 후발주자로 일본을 벤치마킹 했던 국내업체는 소니, 파나소닉 같은 선진 업체들의 직무를 참고한 것입니다. 그러나,

지금은 영어 표현인 '프로덕트 매니저; Product Manager(상품기획자)'가 더 범용적이고, 'New Product Development'가 대부분의 외국계 회사에서 통용되는 표현입니다.

다음 [그림 1]은 저자가 참석한 2016년 'UC Berkeley'의 'Center for Executive Education'에서 개설된 'Product Management Program'을 수강한 46명의 PM에게 질문한 결과입니다. '고객', '제품', '전략', '로드맵' 등 많은 단어가 포함되어 있습니다. 이처럼 PM은 고객 기반의 기획단계부터 전략수립, 실행 등 제품 라이프사이클 전반에 관여합니다. 한편으론 업무 영역의 경계가 모호하지만 다르게 보면 제품, 서비스가 출시되기까지 밸류체인 전체에서 주도적으로 의사결정을 이끌어 내야 하는 막중한 책무가 있겠습니다. 당시 강의에서 가장 인상에 남는 것은 다양한 직무 역량에도 불구하고 새로운 것에 대한 호기심과 혁신에 대한 열정이 PM이 갖춰야 할 가장 중요한 항목으로 꼽혔습니다.

[그림 1. 'What do you do as a product manager?'의 답변 정의
(출처: UC Berkeley PM Program, Sep. of 2016)]

만일 마케팅, 영업, R&D, 생산, 품질, 경영관리 등 기능부서가 잘 갖춰진 조직인 경우 PM은 각 부서간 이해관계를 조율하는 역할도 수행합니다. 하지만 규모가 작은 기업이나 스타트업 같은 경우 조직이 슬림하고 개발자 중심으로 인력 구성이 이뤄지기 때문에 PM이 기획부터 개발 및 품질관리, 사업성 분석까지 모든 것을 챙겨야 하는 멀티플레이어가 되어야 합니다.

그래서 현장에서는 문제가 발생할 때 마다 PM이 나서서 이슈를 정리하고 책임져 주기를 바랍니다. "PM이 제품 사양을 이렇게 정의했다",

"PM이 영업과 협의하여 판매가격과 예상 물량을 확정했다", "품질 이슈에 대해 PM이 대표에게 보고해서 의사결정 받을 것이다" 등등. 몸이 열 개라도 부족한 상황입니다.

이처럼, 상품기획자의 역할은 다양한 부서 간의 교류 및 의사소통에 중점을 둔 업무입니다. 이를 효과적으로 수행하기 위해서는 독선적이거나 독단적인 태도를 배제하고, 타인의 의견에 귀 기울이며 이를 존중하는 공감 능력이 필수적인 자질입니다. 더불어 PM의 업무는 신상품을 기획하고 주체적으로 의사결정을 유도하는 화려함이 있는 반면 끝없이 쏟아지는 이슈 해결과 부서간 이해를 조율하는 운영 업무가 상당합니다. 따라서 기획(Planning)과 운영(Operation) 사이에서 균형 감각과 지치지 않는 열정이 필수적인 소양입니다.

저는 상품기획 업무를 본격적으로 시작하기 앞서 디자인센터에서 3년 반 동안 UI(User Interface)를 디자인하는 UI 기획자로서 냉장고, TV 등 여러 프로젝트를 수행하였습니다. 당시의 'UI' 업무는 인간이 제품을 사용하는 접점에서 어떻게 하면 안전하고, 인지적, 육체적 노력을 적게 쓰면서 쉽고 편리하게 제품을 이용할 지 설계하는 것이었습니다. 시간이 지나면서 UI업무 영역이 단순히 제품 사용 단계에만 국한되지 않고 사용 전, 사용 중, 사용 후 전체로 확장된 경험을 설계하는 'UX(User Experience)'로 발전하게 되었습니다. 이는 UX가 상품기획의 핵심 업무 중 한 영역으로서 고객의 경험 여정에 기반하여 새로움, 즐거움, 차별화된 경험을 제공하는 과정으로 자리잡고 있었습니다.

이와 같은 환경 변화 속에서 상품기획 업무로 전직하게 된 동기는 좀 더 넓은 사업적 시각에서 제품을 바라보고 싶다는 욕구가 생겼기 때문입니다. 당시 디자인센터의 역할은 개별 사업 단위별 상품기획부서가 요청하는 업무를 수행하는 것이었습니다. 프로젝트 수행 결과물인 여러 기획 안이 수용되지 않은 상황을 수 차례 경험하게 되었습니다. 고객 사용경험이 개선되고 긍정적인 고객검증 결과에도 불구하고 당장 급하지 않아서, 개발인력이 많이 필요하여, 선행 기술확보를 위한 시간이 많이 소요되는 등 다양한 이유로 우선순위에서 밀리게 되었습니다. 의사결정을 수동적으로 받을 게 아니라 주도적으로 의사결정을 이끌어 내는 부서에서 일을 해보겠다는 동기가 강하게 작용하였습니다. 또한 내가 필요로 하는 제품을 만들고 싶다는 강한 욕망이 있었습니다. 업무의 주체성을 뜻하는 내적 동기의 발현과 어렵지만 보람 있는 일을 하고 싶다는 열정 때문이었습니다.

이후 기획자로서 'DVD 플레이어', 'DVD+VCR 콤비', '블루레이 디스크 플레이어', '홈씨어터', '사운드 바', '블루투스 스피커', '게임 콘텐츠', '스마트 TV 소프트웨어' 기획, 최근에는 'OLED/LCD TV'까지 수많은 제품과 서비스를 함께 하였습니다. 미국 1위 가전 유통업체인 '베스트바이'에 성공적으로 위 제품들을 런칭하여 경제 성장에 이바지한다는 뿌듯함도 가졌습니다. 그리고 세계 최대 가전 전시회인 CES에서 'OLED TV'로 최고 혁신상도 수상하는 등 성과를 거두었습니다.

[그림 2. CES 전시장의 OLED TV]

이 모든 성과들보다 저에게 가슴 뛰는 일은 기획자가 의도한 대로 고객이 우리 제품을 사용하고 감동을 경험하는 순간이라고 생각합니다. 제가 홈씨어터를 사용하면서 체험한 감동을 고객도 함께 느낀다면 어떤 모습일까 상상을 합니다.

어느 12월 크리스마스 밤, 아내와 함께 '셀린디옹'의 라스베거스 '시저스 팰리스' 호텔 시그니쳐 공연인 'A New Day'라는 콘서트를 시청합니다. 'A New Day'는 '셀린디옹'의 첫 라스베거스 정기 공연으로 2003년 3월부터 2007년 12월까지 717회 전석 매진과 300만명 이상이 관람한 공연 역사에 기념비적인 기록을 세웠습니다. 더 이상 현장에서 볼 수 없는 이 공연을 풍부한 사운드의 홈씨어터와 대형 OLED TV를 통해 영상을 보고 있노라면 내가 마치 '시저스 팰리스' 공연장 VIP석에 앉아 있는 것과 같은 착각을 불러 일으킵니다. 그리고 전율이 느껴지는 셀린디

옹의 목소리가 스피커에서 흘러나오고 생동감 있는 장면을 보면서 벅찬 감동을 경험합니다.

[그림 3. 셀린디옹 'A new day' (출처: 유튜브)]

지금까지 물리적인 기능을 수행하는 제품이 어느 순간 감동을 선사하는 의미 있는 일을 하게 됩니다. 무생물인 제품과의 관계가 삶의 도움을 주는 조력자 혹은 감정의 애착관계로 확장된 것입니다.

상품기획자는 제품에 혼을 불어넣는 마법사라고 생각합니다. 무생물에게 의미를 부여하고 고객에게 감동과 상상력을 불러일으켜 줌으로써 삶을 보다 풍성하고 윤택하게 해주기 때문입니다. 독자 여러분도 이런 마법사가 되는 여정에 함께 하길 기대합니다.

2. 상품기획의 슈퍼파워; 7가지 마법주문

: 상품기획자의 필요역량

조직에서 기존 문제를 개선하거나 경영 키워드를 새롭게 제시하고 혁신을 추구할 때 우리는 신규 프로세스를 도입하는 방법을 채택하곤 합니다. **새로운 업무프로세스는 선진업체의 장점을 벤치마킹하고 현재 조직의 일하는 방식을 진단한 후 부족한 부분을 보완하여 탄생**됩니다. 물론 최고경영자의 강한 의지가 반영된 탑다운 방식이기에 성공적으로 정착되고 효율적으로 실행됩니다. 뿐만 아니라 과거의 관성적인 방식에서 탈피하기 때문에 성과예측을 모두가 기대할 것입니다. 그런데 혁신의 성과가 단기간에 창출될 것 같지만 시간이 흘러도 더디기만 한 게 실제 조직의 현실입니다.

이는 프로세스의 도입이 기존에 일하던 방식에서 무언가가 덧붙여지는 부담을 지양하고 불필요한 업무와 낭비요소가 제거되어야 구성원들이 자발적으로 참여하게 되기 때문입니다. 그리고 아무리 훌륭한 프로세스가 있더라도 결국에는 이를 실행하는 사람, 즉 구성원의 역량과 태도가 좌우함을 많은 사례에서 목격할 수 있습니다.

과거 제조업 기반의 성장을 할 때는 '제너럴 일렉트릭(GE)'사의 6시그마 품질경영과 NPI(New Product Introduction; 신제품 개발 프로세스)가 도입되어 활용되었습니다. 품질경영과 효율성을 통해 가성비 높고 품질 좋은 제품을 개발하였습니다. 제가 근무했던 비디오 제품 군에서는 소니, 도

시바 등 일본업체의 OEM(주문자 상표부착 생산방식)도 수주하였습니다. 제조역량을 바탕으로 기술개발을 거듭하여 2004년 미국시장에서 LG 브랜드를 첫 런칭하면서 프리미엄 브랜드로 포지셔닝을 위해 노력했습니다.

이후 일본 전자업체를 뛰어넘은 도약 단계에서는 '고객가치 기반의 혁신'을 도입하면서 '블루오션 전략'이 채택되었습니다. 무엇보다 'IDEO', 'What IF', 'frog design' 등 글로벌 유수의 디자인 전략 컨설팅 업체와 협업하여 고객과 공감하는 상품기획 방법론도 도입되었습니다. 앞서 열거한 업체와 협업은 최소 3개월에서 6개월간 프로젝트를 공동 수행하면서 새로운 디자인이 적용된 TV, 혁신적인 오디오 제품들이 탄생하게 되었습니다. 아래 홈씨어터는 'frog design'사와 협업 결과인 스피커와 재생기기가 하나로 통합된 일체형 제품으로 설치 공간의 절약은 물론 고급스러운 디자인 가치를 추구한 사례입니다.

[그림 4. LG 인피니아 블루레이 디스크 홈씨어터 (출처: 에이빙넷)]

고객에 대한 지속적인 연구과정에서 2016년 '알파고'가 불러일으킨 인공지능과 빅데이터 기반의 'DX(Digital Transformation; 데이터 기반의 혁신) 전략'으로 일하는 방식의 변화가 이뤄지고 있습니다. DX를 활용한 프로세스는 전문가의 직관과 경험, 소수 고객의 데이터를 토대로 이뤄지던 의사결정에서 벗어나 정량적인 데이터와 정성적인 데이터가 보완되어야 함을 강조하고 있습니다. 이제는 시간의 축적으로 쌓인 개인의 주관적인 경험과 개인기 보다는 고객으로부터 수집된 수많은 데이터에 기초하여 부서간 커뮤니케이션 되어야 함을 뜻합니다. 이처럼 **기업은 살아있는 유기체와 같아서 끊임없이 환경에 적응하며 진화해야 하고 때로는 물 밖으로 뛰쳐나오는 근본적인 혁신이 필요**하기도 합니다.

위와 같이 우리가 몸담고 있는 기업도 끊임없이 변화를 하고 있는데, 그 속에서 **기획자로서 영속하기 위해서 과연 어떤 역량과 태도**를 갖춰야 할까요? 다음의 7가지 요소가 이 비밀의 문을 여는 힌트가 될 것이라 생각합니다.

성공하는 기획자로서 가장 중요한 첫 번째 역량은 '**커뮤니케이션 스킬**'이라고 봅니다. 물론 직장생활에서 '커뮤니케이션'은 빼놓을 수 없는 요소이지만 기획자의 말과 글 모두에서 더욱 강조되는 역량입니다. 이는 기획자가 **제품과 관련하여 발생하는 모든 일에서 의사소통의 창구이자 조정자의 역할을 수행하는 허브**이기 때문입니다.

[그림 5. 커뮤니케이션 허브로서 기획자]

    문제 해결의 조정자 역할을 수행하기 위해서는 이해 관계자의 특성에 적합한 **효과적인 의사소통**을 해야 합니다. 예를 들면 개발자들은 주로 내향적이며 사실에 입각한 구체적이고 논리적인 소통방식을 선호합니다. 따라서 개발자와의 대화는 추상적인 언어보다는 객관적인 숫자와 기술적 배경을 담은 해결책을 제시하는 것이 중요합니다. 반면 마케팅 담당자는 외향적이며 스토리를 중요하게 생각합니다. 이 제품이 고객에게 어떤 가치를 제공하고 고객의 삶 속에 어떻게 녹아들지 이상적인 모습을 제시하는 것이 더욱 효과적입니다. 마지막으로 최고경영층은 세세한 숫자보다는 큰 그림을 보고자 합니다. 나무보다는 숲을 보여주는 것이 중요하기 때문에 단기적인 성과뿐만 아니라 수익성과 중장기 사업 성장까지 아우르는 비전을 제시해야 합니다. 이처럼 상품기획자는 모든 커뮤니케이션의 허브로서 상황에 맞춰 적절한 언어를 구사해야 합니다.

두 번째 역량은 공식적인 직책이 없더라도 **프로젝트 팀을 이끌 수 있는 리더십**이 있어야 합니다. 대부분의 조직에서는 신규 프로젝트를 수행할 때 디자인, 개발, 마케팅, 신사업 개발 등 유관부서의 인원들로 구성된 소규모 태스크(Cross-Functional Task)을 구성합니다. '아마존'에서는 'Two Pizza 법칙'이라고 하여 프로젝트 팀은 피자 2판을 함께 먹을 수 있는 숫자의 인원으로 이뤄진 대략 5~8명이 최적이라고 했습니다. 이처럼 특정 프로젝트 수행을 위해 구성된 태스크의 리더는 **팀을 이끌고, 전체 마일스톤을 관리하며, 제품 비전과 전략, 로드맵을 수립합니다. 프로젝트 중간 중간 의사결정자에게 보고**를 하는 등 공식적으로 권위를 인정받은 팀장은 아니지만 조직을 이끌게 됩니다. 역할 수행을 위해서 구성원에게 동기부여와 영향력 행사, 유관부서와 협상 및 관계정립 등 실제 팀을 운영하는 것과 동일한 업무를 진행합니다. 그러므로 상품기획자는 항상 새로운 역할의 부여를 두려워하지 말고 기꺼이 도전을 받아들일 수 있는 준비가 되어있어야 합니다. 저 또한 팀장으로서 역할을 수행하기 이전에 디자인 전략업체인 'frog design'사와 프로젝트를 주도하였고 실리콘밸리에서 신상품 발굴 프로젝트를 주도하는 등 여러 실무 리더로써 경험이 성장에 큰 도움이 되었습니다.

세 번째 역량은 앞서 '기회발굴'에서 강조한 **새로운 영역의 탐구와 빠르게 습득하는 학습 역량**입니다. 우리가 속해 있는 테크분야는 시장의 변화가 매우 빠릅니다. 무수히 많은 기술들이 지평선 저 너머에서 떠오르기를 기다리고 있습니다. **차별화된 제품과 서비스임에도 채 1년이 되지 않아**

카피캣의 출현으로 금세 범용화되곤 합니다. 실제로 2021년 7월 '스탠바이미'가 출시된 후 1년이 되지 않은 2022년 4월 주연테크의 '캐리미'가 시장에 출현하였고, 소비자들이 모니터, 스탠드, 외장 배터리 등 관련 부품을 구매한 후 자가 조립한 '삼탠바이미'와 같은 제품도 온라인 상에 소개되었습니다.

[그림 6. 주연테크 '캐리미'(좌), 삼탠바이미(우)
(출처: 주연테크 홈페이지(좌), 네이버 스마트스토어 '원더스탠드' (우))]

따라서 본인에게 새로운 영역이더라도 호기심과 빠른 학습능력을 갖춰야 합니다. 항상 **최신 산업 동향을 파악하고** 있어야 하며, **이슈가 되고 있는 기술**은 무엇인지 **우리 제품에 어떻게 응용할 수 있을지** 등 배우는 자세가 필요합니다. 이를 위해 본인 만의 기술 인사이트를 발굴하는 유용한 정보 소스와 학습 루틴을 갖춰야 합니다. 저는 주로 컨설팅 업체, 증권사, 조사업체, 벤처캐피털 등이 발행하는 보고서와 각종 신문사가 발행하는 뉴스레터, 정기적으로 방문하는 테크 홈페이지를 통해 최신 동향을 접합니다. 여러분들도 본인만의 리서치 도구를 갖추시길 추천 드립니다. 이처럼 새로운 기술에 대한 습득 능력을 배양한다면 경험이 없는 분야의 업무를 담당하더라도 빠르게 적응할 수 있고 여러 분야의 제품 경험을 쌓아 더 단단해질 것입니다.

네 번째 역량은 **사업을 읽는 통찰력이며**, 이는 **사업가적 마인드**를 의미합니다. 시장기회, 경쟁우위 차별화 발굴, 이기는 전략과 제품 로드맵 수립, 적정 가격설정, 마케팅 프로모션, 외부 파트너 협업, 손익 분석 등 비즈니스를 구성하는 요소들을 이해하고 파악하는 능력입니다. 위에 나열한 모든 분야들을 습득하기 위해 MBA 학위를 취득해야 한다는 것은 아닙니다. 특정 영역에 치우치지 않고 균형적인 시각으로 큰 그림을 그려야 함을 의미합니다.

신상품이 기존 시장의 고객층을 확장하는 것인지 아니면 새로운 시장을 개척하는 것인지 정의해야 합니다. 또한 시장 규모를 분석하고, 첫 해 판매가 이루어질 경우 긍정적인 시나리오와 부정적인 시나리오를 각각 가정하여 예상 매출액을 산출합니다. 그리고 어떤 외부업체와 협업할 경우 사업 확장이 가능할지 등 고민할 부분이 많습니다.

[그림 7. B&O 'BeoVision Eclipse' (출처: B&O 홈페이지)]

2017년 당시 OLED TV는 연간 2.2억대 규모의 전체 TV시장에서 고가의 프리미엄 제품으로 시장 점유율이 1%인 채 2백만 대가 되지 않는 초기 단계였습니다. 따라서 얼리어댑터(제품 초기수용자)성향을 갖는 고소득층 대상에게 OLED TV는 프리미엄 제품이라는 이미지 구축이 필요하였습니다. 최고의 디스플레이에 어울리는 사운드를 찾기 위하여 프리미엄 오디오 브랜드인 'B&O'와 파트너십을 체결하였습니다. 그리고 공동 기획한 'BeoVision Eclipse OLED TV'를 출시하여 최고와 최상의 이미지를 고객에게 각인시켜 주었습니다.

사업가적 마인드의 핵심은 투자와 수익에 대한 부분일 것입니다. 제품 차별화를 위한 과도한 투자가 과연 적정한 것인지, 투자금액을 회수하기 위해서 연 판매 수량, 매출액은 얼마가 되어야 하는지 등 사업성을 철저히 분석해야 합니다. 이는 곧 숫자에 익숙한 최고경영자를 설득하기 위한 동등한 눈높이를 갖추는 것을 의미합니다.

다섯 번째 역량은 **기획업무의 루틴 형성**입니다. 실무자로서 기획에 필요한 업무를 단계별로 정의하고 본인만의 습관을 형성해야 합니다. 고객 및 제품 요구사항 작성에서 시작하여, 경쟁현황 분석, 제품 로드맵 수립, 신기능과 차별화 고객가치 발굴, 사용자 인터페이스와 사용경험 정의 등이 해당됩니다. 그리고 서문에서 소개한 문제해결의 프레임워크인 '왜' - '무엇을' - '어떻게'라는 관점을 응용하여 기획업무 루틴을 현업에서 내 것으로 만들어야 하겠습니다.

업무 루틴 형성을 위한 시간 배분은 일의 난이도를 고려하여 이뤄져야 합니다. 기획자가 수행하는 업무를 난이도 측면에서 저는 세가지로 분류합니다. **일상에서 반복적으로 발생하는 '관리, 운영 업무', 이슈 발생 시 신속하게 솔루션을 도출하는 '문제해결 업무', 마지막으로 새로운 것을 찾고 만들어가는 '창의, 혁신적인 업무'**가 있습니다. 기획자는 위 세가지 업무에 모두 익숙해져야 하며 난이도가 가장 높은 '창의, 혁신적인 업무'에 대해서는 깊은 고민과 많은 시간투자가 필요합니다. 타 업무 대비 가시적인 성과를 단기간에 거두기 어렵기 때문에 자원의 확보를 위해 설득해야 하는 대상도 많습니다. 기획자는 관성적으로 쉽고 익숙한 '관리, 운영 업무' 혹은 '문제해결 업무'에 시간을 투자하기 보다 어렵지만 '창의, 혁신적인 업무'를 기꺼이 담당하려는 열정과 자세를 갖출 때 성장할 수 있습니다. 동시에 관리자는 기획자가 수행하는 업무 성격에 기반한 성과평가와 보상을 해야 하며 이는 기획자에게 큰 동기부여가 될 수 있겠습니다. 특히 최고경영자가 성과를 거두기까지 시간이 많이 소요되는 일에 얼마나 아낌없는 지원을 해주는 지 여부가 그 조직의 미래에 대한 고민을 엿볼 수 있습니다.

여섯 번째 역량은 **디테일에 대한 안목**을 갖춰야 합니다. 내가 직접 구매한 제품이 우수한 성능과 세련된 디자인을 기대하는 것은 당연합니다. 반면 세세한 작은 것까지 제조사가 관심을 가지고 고민했다는 것을 알았을 때 고객은 놀라움과 감동을 넘어 해당 브랜드를 다시 보게 됩니다. 우리가 온라인 쇼핑을 할 때 주문을 하고 배송이 시작되었다는 문자를 받는 것은 큰 감흥이 없습니다. 이 단계에서 고객 감동을 주고자 하는 노력은 여러 곳에서 발견할 수 있습니다. 지금은 구글에 인수된 헬스케어 디바이스 업체인 '핏빗' 제품을 구매한 후 받은 이메일에서 '오늘이 바로 그날입니다!' 라는 문구는 지금껏 봤던 평범한 내용과는 차원이 다른 것이었습니다. 고객에게 전달하는 문구 하나에도 기획자의 세심한 배려를 느낄 수 있었고, 작은 감동을 경험했습니다.

국내 이커머스 업체인 '오케이몰'은 배송이 시작되면 고객에게 알림 메시지와 함께 구매 제품을 박스에 담고 테이핑하는 모습을 동영상으로 촬영하여 보내줍니다. 이는 제품이 출발한 준비가 되었다는 고객의 설레임에 덧붙여 새 제품이 안전하게 패키징 되었다는 신뢰감을 함께 전달합니다. 이처럼 디테일을 가미할 수 있는 기회는 고객이 제품과 서비스를 경험하는 매 순간마다 다양하게 접할 수 있습니다.

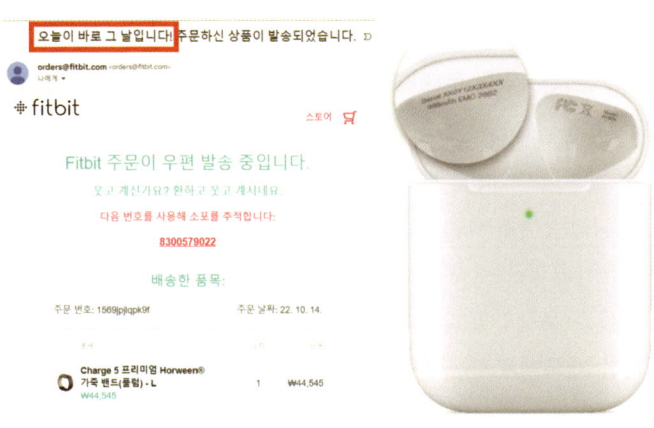

[그림 8. '핏빗'의 배송메일(좌), 애플 에어팟의 시리얼넘버 인쇄(우) (출처: 애플 홈페이지)]

　서비스 경험뿐만 아니라 제품에서도 디테일의 안목을 키울 수 있는 예시는 많습니다. 제품 디자인에서 '단순함'이라는 철학을 추구하는 애플은 제품에 인쇄하는 작은 것 하나에서도 남다른 면을 읽을 수 있습니다. 무선 이어폰인 에어팟의 경우 시리얼번호, 모델명, 전파 인증규격, 재활용 여부 등 의무적으로 제품에 표시해야 하는 항목들이 있습니다. 대부분의 업체는 눈에 쉽게 보이고 작업하기 용이한 평평한 면에 필요한 내용을 인쇄하거나, 스티커를 부착합니다. 이에 반해 미니멀리즘 디자인을 추구하는 애플은 고객에게 가치 있는 최소한의 정보 'Designed by Apple in California, Assembled in China' 만을 뒷면에 간략히 표시하고 나머지는 덮개 안쪽의 굴곡진 면에 인쇄하였습니다. 작업의 어려움에도 불구하고 깔끔한 디자인을 유지하는 것이 최우선 가치이기 때문에 가능할 것입니다. 이처럼 우리가 **쉽게 지나칠 수 있는 작은 것 하나에도 디테일을 집요하게 추구하는 것**이 바로 기획자의 자세가 아닐까 생각합니다.

마지막으로 가장 중요한 역량은 바로 **제품에 대한 사랑**입니다. 당연한 사실이지만 기획자는 시장에 새로운 제품이 나올 때 마다 열광하고 사용하고 싶은 욕구가 발현될 것입니다. 크라우드 펀딩 사이트에서 소개된 독특한 제품에도 관심을 가지고, 베타 버전의 소프트웨어가 나올 때 먼저 테스트해 보고 신제품에 대해서는 사전 예약 주문을 하는 등 항상 호기심으로 가득해야 합니다. 때로는 다른 회사의 멋진 제품에 대해서 열광하고, 우리 회사 제품이지만 성능, 사용성, 디자인에서 매력이 없는 제품이라면 냉정하게 평가해야 합니다. 애플과 구글, 마이크로소프트, 엔비디아가 개최하는 신제품 발표회와 신기술 컨퍼런스가 개최될 때 마다 이번에는 어떤 제품과 서비스가 세상을 깜짝 놀라게 할 것인지 흥분과 기대를 갖는 것은 기획자의 본성입니다. 더욱이 이제는 유튜브를 통해 이벤트를 실시간으로 중계하기에 지구반대편에 있더라도 전세계 고객과 공감하며 참여할 수 있습니다. 필요한 건 열정일 뿐 시공간의 제약은 더 이상 핑계가 될 수 없는 현실입니다.

이제는 제품에 대한 애정을 넘어서 새로운 제품을 창조하는 일에 더욱 몰두하기 바랍니다. 그 제품이 세상에 없는 완전히 새로운 것일 수도 있고, 기존 제품을 개선하는 것일지라도 '창의, 혁신적인 업무'에서 여러분의 재능이 더욱 크게 발휘되길 기대합니다.

3. 넷플릭스 주식을 그 때 샀더라면

: 기회탐색의 렌즈로 혁신기업 알아채기

온라인 비디오 서비스의 절대 강자인 '넷플릭스'는 2023년 3Q 기준 2.5억명의 가입자를 보유하여 후발주자인 '디즈니플러스' 보다 1억명이 더 많았습니다. 또한 2023년 미국 주식시장에서 생성형 AI의 최대 수혜주로 꼽히는 '엔비디아'는 12월 시가 총액이 1.2조 달러를 넘어서며 1조 클럽에 가입한 5번째 미국기업이 되었습니다. 두 기업이 초고속 성장하는 과정에서 여러 징후를 보였을 텐데 기획자는 당시 어떤 시각으로 두 기업을 바라보고 있었을까요? 이번 장은 기회탐색의 렌즈를 투자자의 관점으로 변화시켜 기업을 바라보는 건 어떨지 생각해 보고자 합니다.

저자가 'DVD 플레이어' 기획을 담당하던 2008년, '넷플릭스'는 전자업체와 온라인 서비스 탑재를 위한 제휴를 모색하고 있었습니다. 당시 인터넷 기능을 비디오 제품과 TV에 탑재하는 것은 마치 8기통 엔진을 아반테 승용차에 탑재하는 것처럼 효과에 의문을 가졌습니다. 하지만 Full HD급 고해상도를 지원하는 '블루레이 디스크 플레이어'라는 미디어 제품은 인터넷 기능의 지원이 표준 규격의 필수 요구사항이었습니다. 과연 인터넷 연결이 가능한 제품에서 가치있는 온라인 서비스가 무엇일지 고민하게 되었습니다.

이 때 영화가 저장된 광학 디스크 재생기라는 '블루레이 디스크 플레이어'의 본질과 가장 어울리는 '넷플릭스' 스트리밍 서비스 출현을 목격하고, 실리콘밸리에 위치한 본사와 파트너십 제휴를 논의하였습니다. 그 결과 2008년 세계 최초로 온라인 '넷플릭스' 스트리밍 서비스를 지원하는 '블루레이 디스크 플레이어'를 LG전자가 출시하였습니다.

[그림 9. LG '네트워크 블루레이 디스크 플레이어' (출처: Audioholics)]

이후 '넷플릭스' 서비스는 PC를 벗어나 비디오 제품, 홈씨어터, 스마트 TV로 영역을 확장함으로써 명실 상부한 스트리밍 서비스의 최강자로 성장하게 되었습니다. 최근에는 모든 스마트 TV 리모콘에 '넷플릭스' 바로가기 버튼이 당연하게 할당되어 있고 표준 서비스처럼 인식되고 있습니다.

한편 '넷플릭스' 주가는 2020년 코로나 시기를 거치면서 상장 이후 최고점인 $900을 넘었습니다. 2009년 1월 2일 $4.27 이었음을 상기해

보면 2025년 1월 16일기준으로 대략 200배 성장하였습니다.

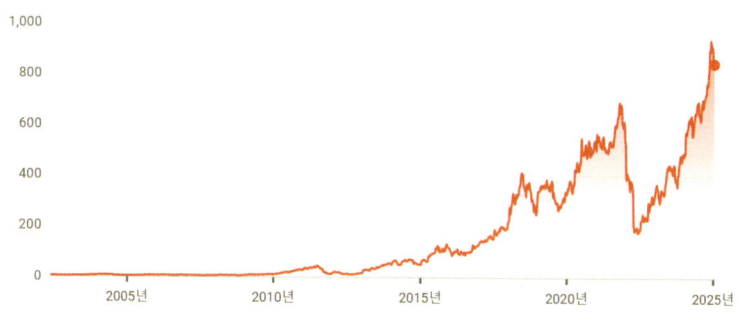

[그림 10. '넷플릭스' 주가 차트 (출처: 구글)]

　　2009년 당시 '넷플릭스'가 지금처럼 폭발적인 성장을 예상하는 것은 월스트리트의 전문 애널리스트 조차도 쉽지 않습니다. 그렇지만 물리적인 디스크 매체가 사라지고 스트리밍 세계로의 전환이 가속화되는 현상은 트렌드로서 분명했습니다. 게다가 모든 '스마트 TV'와 미디어 재생기에 '넷플릭스', '유튜브' 등 온라인 콘텐츠 서비스가 탑재됨을 목격한다면 향후 회사의 꾸준한 성장을 예견할 수 있을 것입니다. 서비스 침투율 증가, 해외시장 진출, 가입자 확대, 매출 성장, 이익 증대 그리고 주가 상승으로 연결해 본다면 기회 탐색으로 도출된 인사이트를 투자자 관점으로의 전환도 가능하겠습니다.

　　물론 2009년 당시에는 국내에서 미국 주식을 직접 거래할 수 없었습니다. 그럼에도 불구하고 '넷플릭스'의 사례를 소개한 것은 언제든지 새로운 상품, 서비스 기획을 위해 시장조사를 하면서 얻게 되는 정보를 토대로 유망한 회사를 찾을 수 있기 때문입니다. 이때 투자자 마인드를 발동시켜 회사의 성장을 눈여겨 보며 장기투자를 한다면 근로소득과 더불어 금융소득을 얻는 즐거움도 누릴 수 있겠습니다.

2016년 미국 실리콘밸리에서 프로젝트 수행 당시 '엔비디아'는 거대한 최첨단 신사옥을 짓고 '암호화폐', '인공지능의 미래'를 제시하였고, 테슬라 '모델 S', '모델 X'가 고속도로를 질주하는 모습이 쉽게 목격되었습니다. 당시에는 투자자 마인드로 기업과 시장을 보는 눈을 키우지 못했지만 여러분은 기획과정에서 발굴한 멋진 투자 기회를 놓치는 실수를 범하지 않기 바랍니다.

4. 실패하기 딱 좋은 101가지 이유

: '3D TV'의 쇠퇴

2022년 겨울, 14년만에 영화 '아바타'의 후속편이 개봉되었을 때 많은 사람들은 제임스 카메론 감독이 이번에는 어떤 새로운 세계관을 가지고 화려한 비주얼 그래픽을 보여줄 것인지 기대했습니다. 그러나, 저에게는 10여년 전의 씁쓸한 기억이 먼저 떠올랐습니다.

그것은 2009년 전 세계적으로 화제를 몰고 온 3D 입체영화의 등장과 '3D TV'의 출시였습니다. 우리에게 3D 영화는 새로운 것은 아닙니다. 과거 수십 년 전 파란색, 빨간색 안경을 쓰고 영화를 관람하던 사진들을 보셨을 겁니다. 당시 3D 입체영화는 극장에서 경험하는 것에 머물렀으나 영화 '아바타'가 개봉되면서 3D 영화는 이제 극장뿐 아니라 집에서 편하게 볼 수 있는 엔터테인먼트 경험이 되었습니다.

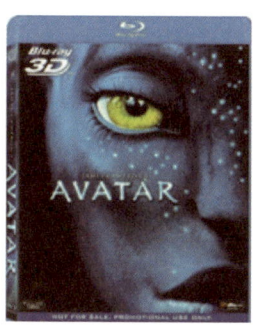

[그림 11. '아바타 3D' 블루레이 디스크 (출처: 구글)]

이러한 시청 환경이 갖춰진 것은 '3D TV', '3D 블루레이 디스크 플레이어'와 '3D 블루레이 디스크'가 보급된 것으로써 다름아닌 '3D'와 관련된 디바이스와 콘텐츠 생태계가 형성되었던 겁니다. 게다가 '닌텐도 3D 게임기', '3D 모니터' 등 디바이스는 점점 확대되어 갔습니다. 특히 TV 제조사들은 경쟁적으로 프리미엄 TV에 3D 시청 기능을 추가하였고 이를 통해 고객들이 비싼 가격을 지불해야 하는 당위성을 확보하였습니다.

당시 광고 영상에서 유명 배우가 3D 안경을 쓴 채로 제품을 홍보하고, 심지어 광고 카피에 '3D로 한판 붙자'는 도발적인 문구가 사용되기도 하였습니다. 이처럼 TV시장의 핵심기능으로 자리잡을 것 같던 3D는 마치 '10일 이상 아름다운 꽃이 없다(화무십일홍)'는 표현과 같이 어느 순간 소리소문 없이 사라졌습니다. 심지어 극장에서도 3D 영화는 더 이상 상영하지 않습니다.

이처럼 2009년 출시된 이후 채 10년이 되지 않은 시점에 사라진 이유는 무엇일까요? 기회 발굴 부분에서 소개한 고객, 시장, 기술 관점에서 살펴보겠습니다.

첫째, 고객관점에서 '3D TV'는 '반드시 있어야 하는 것'일까 아니면 '있으면 좋지만 없어도 그만인 것'인지 생각해야 합니다. 무엇보다 고객이 해결하고 싶은 문제와 잠재니즈가 '3D TV'로 해소될 수 있는지 점검해야 합니다. 당시 '베스트바이' 등 거래선에 '3D TV'를 소개할 때 받은 첫 질문이 '고객에게 필요한 것인지'와 '입체영화를 보는 차별화 경험 때문에 부자연스러운 행위를 강요하는 것은 아닌지'였습니다. 안경을 착용하지 않는 사람이 3D 안경을 쓰고, 안경을 착용하고 있는 사람 역시 그 위에 또 3D 안경을 덧쓰는 것이 과연 고객이 바라는 경험이었을지 아니면 제조사의 강요된 경험인지 냉정하게 판단해야 합니다.

인간은 내가 얻고 싶은 충분한 가치가 있을 경우에만 불편함을 감수한다고 생각합니다. 소문난 맛집에서 식사를 위해서는 추운 겨울 실외에서 기꺼이 줄을 서고 있습니다. '3D TV'가 불편함을 감내할 만큼 대단한 시청각 경험을 제공했는지 의문입니다. 고객은 본인의 주머니에서 돈을 꺼낼 때 그 어느 순간 보다 신중하게 비교하고 심사숙고합니다. 허나 우리는 마케팅의 화려한 미사여구로 고객의 눈과 귀를 현혹하려고 하지는 않았는지 반문하여 봅니다.

둘째, '3D TV'를 둘러싼 시장 환경의 성숙도입니다. 이상적인 시청 환경을 위해서는 '디바이스(TV와 플레이어)와 콘텐츠'로 구성된 3D 생태계가 형성되어야 합니다. 출시 당시에는 매우 제한적으로 콘텐츠를 접할 수 있었습니다. 일반 영화를 3D촬영으로 제작하는데 상대적으로 많은 비용이 요구되어 대부분 애니메이션 분야에서 3D영화가 주류를 이루었습니다. 더불어 자연 풍광을 보여주는 다큐멘터리 영화들이 많았습니다. 따라서 제작비용의 효율성 때문에 콘텐츠를 구하기도 어렵고 설령 있더라도 재미가 없었습니다.

당시 시장 트렌드 또한 3D 환경에 우호적이지 않았습니다. 2022년 '아바타' 후속작 개봉 후 제임스 카메론 감독의 말을 인용하면 "영화관에서 3D를 보는 것과 집에서의 고객경험이 완전히 다르기 때문에 실패하게 된 것입니다. 집에서는 휴대폰을 이용하여 멀티 태스킹도 하고, 거실에 함께 있는 사람과 소셜 활동을 하는 등 이러한 일상의 행위에 방해가 되는 어떤 것도 원하지 않습니다" 라고 실패 이유를 설명했습니다. 스마트폰이 본격적으로 성장하던 시점에 더 이상 고객은 2시간 동안 영화 시청에 온전히 집중하기 보다 동시에 SNS를 하거나 앱의 사용이 보편적이었습니다. 결론적으로 콘텐츠 생태계 구축의 어려움과 스마트폰의 활용이 불러일으킨 멀티 태스킹이 '3D TV'활성화의 걸림돌이 되었습니다.

마지막으로 '3D TV'는 기술관점에서 충분히 완벽한 것인지 여부입니다. 3D 영화를 집에서 볼 때 착용한 안경은 충전해야만 사용이 가능했습니다. 가격이 비싸서 가족 구성원 수대로 안경을 3~4개씩 확보하는 것도 쉽지 않았습니다. 또한 3D안경을 착용하여 시청하면 3D 효과를 구현하기 위해 시청 화질이 반감되거나 눈의 피로를 느끼는 문제가 있었습니다.

최신 기술동향을 살펴보면 안경을 착용하지 않고 즐길 수 있는 'Glass-Free(무안경)3D TV'가 개발 중이었지만 '무안경 3D TV'는 기존 '3D TV'보다 추가 비용도 많이 들고 시장 수요 역시 불투명 하였습니다. 하지만 새로운 기술로 시장에 화두를 제시하고픈 TV 제조사들은 안경을 착용하는 '3D TV'를 먼저 상용화하여 우월적 지위를 차지하기 위해 경쟁하였습니다.

이는 고객 경험의 혁신 보다 제조사들의 기술경쟁이 시장을 압도한 것입니다. 또 하나 흥미로운 사실은 삼성이 적용한 3D기술은 TV 사이즈가 커지더라도 제조원가에 변함이 없었습니다. 한편 LG가 채택한 기술은 TV 화면크기가 커지면 제조원가가 크기에 비례해서 상승하게 되므로 TV 대형화 트렌드를 선제적으로 대응하면서 지속 추진하는데 큰 부담이 되었습니다.

돌이켜보면 한 때 유망한 기술이 많은 사람들에게 각광받을 수 있지만 고객 관점에서 충분한 가치를 지속적으로 창출하지 못하면 한 시대를 풍미한 유물로 전락하게 될 수밖에 없겠습니다. '3D TV'와 더불어 화면이 구부러진 '커브드 TV'도 이제는 가전매장에서 사라졌고, 2018년 등장한 '8K TV(UHD TV보다 4배 화소가 더 많은 초고해상도)' 역시 고객가치의 도전에 직면해 있습니다. 앞으로 10년 뒤 시장에서 어떤 TV가 남아 있을지 지켜보는 것도 매우 흥미로울 것입니다.

상품기획자는 기획하는 제품을 히트상품으로 만들기 위해 확신과 신념을 바탕으로 온갖 어려움을 극복하며 추진합니다. 고객이 겪고 있는 문제를 정확히 파악했고, 제품 컨셉은 매력적이며 고객 검증에서도 높은 선호도를 보였습니다. 디자이너와 엔지니어들을 설득해 최고의 제품을 개발하고, 마케팅 및 영업부서와 함께 정교한 런칭 전략을 수립하여 성공적으로 출시했습니다. 모든 과정이 톱니바퀴처럼 매끄럽게 맞아떨어지면 좋겠지만 예상치 못한 문제는 언제든 발생할 수 있습니다. 판매 목표 미 달성, 고객 확보 부진 등의 결과로 이어질 수도 있습니다.

문제는 실패에 대한 체계적인 복기가 이루어지지 않는다는 점입니다. 성공을 이야기할 때는 여러 부서가 제품에 대한 지분을 가진 것처럼 유쾌하게 대화하지만 반대로 실패했을 때는 과정에 대한 기록이 부족하고 책임을 맡은 담당자를 명확히 찾기 어려운 현실입니다.

기획자로서 지속적으로 성장하고 발전하기 위해서는 성공을 객관적으로 분석하는 것뿐만 아니라 실패로부터 배움을 얻으려는 자세가 필요합니다.

항상 새로운 것에 대한 호기심을 가지십시오. **'틀렸다'가 아닌 '나와 생각이 다르다'**는 관점으로 소통하십시오. 타인의 의견에 귀 기울이는 겸손한 태도를 유지하며, 미지의 세계에 도전하는 열정을 잃지 않길 당부 드리며 이 글을 마칩니다.

부록 : 기획자를 위한 10가지 조언

1. 충분한 정보를 갖기 전이라도 의사결정을 내려야 한다

완벽하지만 늦은 의사결정보다 **완벽하지 않더라도 빠른 의사결정이 더 중요**합니다. 잘못된 결정을 내렸더라도 즉시 정정할 수 있는 후속 조치를 마련하면 됩니다. 리더는 **51%의 확신이 있다면 결정을 내려야 합니다.** 이 때 다음과 같은 질문을 스스로 던져 봅니다. "이 결정을 내렸을 때 최악의 결과는 무엇인가?", "내 결정이 맞다는 것을 어떤 가설 검증을 통해서 확인할 수 있을까?" 이러한 사고방식이 빠르고 유연한 의사결정을 가능하게 합니다.

2. 내가 틀렸다는 것을 인정할 용기가 필요하다

프로젝트가 진행되는 동안, **초기 가설이 틀렸거나 시장 환경이 변할 수**

있습니다. 그럴 경우 개발 중인 신제품이 더 이상 유효하지 않을 수도 있습니다. 그러나 이미 투입한 시간과 노력 때문에 누구도 프로젝트 중단을 선언하지 않는 경우가 많습니다. 이는 단순히 실패비용에 대한 **책임을 회피하려는 미봉책**에 불과합니다. 기획자는 'I am sorry, this is my fault. How can we make it right?' 라고 말할 줄 알아야 합니다. **실패를 인정하는 것이 곧 더 나은 방향을 찾는 출발점**이기 때문입니다.

3. 회의실에서는 최고의 아이디어가 선택되어야 한다

아이디어를 발산하고 평가하는 회의에서는 **누구나 두려움 없이 의견을 제시할 수 있어야** 하며, **직급이 아니라 아이디어 그 자체를 평가**해야 합니다. HIPPO(Highly Paid Person's Opinion; 고위직의 의견이 무조건 채택되는 현상)을 경계해야 합니다. '이미 해봤다', '전에 비슷한 아이디어를 제안했지만 채택되지 않았다' 같은 부정적인 태도를 버려야 합니다. **시장 환경은 끊임없이 변하고, 과거 장애요소가 사라졌을 수도 있으며, 실행 방식이 달라졌다면 이전에 실패한 아이디어라도 다시 시도해볼 가치**가 있습니다. 서랍 속에 넣어두었던 것도 언제든 빛을 발할 수 있습니다.

4. 숫자와 팩트로 말하라

본인의 **직관과 경험으로 의견을 제시하는 것을 경계**해야 합니다. 기획자는 주변을 설득할 수 있도록 논리적으로 무장해야 하며, **데이터와 팩트를 기반으로 구체적인 토론**을 이끌어야 합니다. 모호한 표현과 주관적인 예측은 기획안의 신뢰도를 낮춥니다. **거시적인 비전과 미시적인 객관적 데이터를 함께 제시하면 설득력이 배가**됩니다. 숫자와 근거로 말할 수 있을 때 기획자의 의견은 더욱 강력해집니다.

5. Seeing is Believing; 직접 보고, 경험하게 하라

들은 것은 쉽게 잊히고, 본 것은 기억에 남으며, 직접 해본 것은 완전히 이해된다는 말이 있습니다. 막연한 설명이나 암묵적인 가정을 줄이고, **최대한 명확하고 구체적인 아이디어를 전달**해야 합니다. **프로토타입, 더미 목업, 시각 자료를 적극 활용**하세요. 상대방이 직접 경험하게 하면, 오해를 줄이고 더 효과적으로 설득할 수 있습니다. 아이디어는 **머릿속이 아닌, 눈과 손으로 확인**될 때 비로소 힘을 갖습니다.

6. 보고는 끝이 아니라 일의 시작이다

큰 규모의 회사일수록 **의사결정 과정이 길고 단계가 많습니다**. 기획안이 통과하기 위해서는 담당 임원, 사업부장, 본부장 등 여러 경영층을 거쳐야 합니다. 물론 회의체를 통해 주장하는 바를 명쾌하게 전달하는 장점이 있습니다. 하지만 **보고는 실제 실행을 위한 첫 단추**입니다. 기획 보고가 잘 끝났다는 것은 이제 **본격적인 실행을 시작할 준비**가 되었다는 의미입니다. 보고 자체에 안주하지 말고, **실행을 어떻게 이끌어갈 것인지 고민**해야 합니다.

7. 나의 이익보다 상대방의 이해관계와 문제를 먼저 생각하라

기획자는 제품을 실제 개발하거나, 판매하지 않습니다. 단지 **고객과 시장, 기술을 조금 더 잘 이해하고, 논리적인 글과 말로 커뮤니케이션하는 것이 핵심** 업무입니다. 결국 **기획이 실행되려면 개발자, 영업, 마케팅 팀의 협력**이 필수적입니다. 협업할 대상이 가지고 있는 문제(Pain Poins)를 이해하고 해결해야 합니다. 해결책을 함께 모색하는 과정에서 **신뢰를 구축하고, 지지자를 확보**해야 합니다. 이런 지지자들이 **결정적인 순간에 내 기획안이 실행될 수 있도록 힘을 실어줄 것입니다.

8. 문제를 방관하지 말고, 해결하는 사람이 되어라.

기획자는 단순히 **새로운 아이디어를 제안하거나 프로젝트를 기획하는 역할을 넘어 문제를 해결하는 사람**입니다. 문제가 발생했을 때 내 책임이 아닌 듯 회피하거나 방관하지 말아야 합니다. 이 과정에서 쓴소리도 듣겠지만 리스크는 당연한 것입니다. 이 문제를 해결하려면 "누가 필요할까?" "현재 자원으로 해결할 수 있는 최선의 방법은 무엇인가?", "당장 실행 가능한 작은 변화는 무엇인가?" 고민해 보십시오. 그리고 **실행 가능한 대안을 마련한 후 적극적으로 이해관계자 및 협업 부서와 소통**해야 합니다.

9. 데이터가 방향을 제시하지만, 직관이 결정을 이끈다

오늘날 데이터 기반의 의사결정은 필수적이지만, 모든 데이터가 답을 주는 것은 아닙니다. **데이터는 방향을 제시**하지만, **최종 결정은 기획자의 통찰과 직관**에 의해 이뤄집니다. 완벽한 데이터는 존재하지 않으며, 기존에 없던 **혁신적인 제품은 데이터가 없는 상황에서 직관을 기반으로 결정**해야 할 때가 많습니다. 탁월한 기획자는 데이터를 활용하되, 데이터에 끌려가지 않습니다. **다양한 경험과 지식을 통해 나만의 통찰력**을 높여야 합니다.

10. 결국, 기획자는 '사람'을 이해해야 한다

　모든 기획의 핵심은 기술이 아니라 사람입니다. '사람을 향합니다'라는 광고 카피가 설명하듯 혁신적인 기술과 트렌드를 반영한 제품이라도 **사람에 대한 문제를 진심으로 해결**하지 못하면 의미가 없습니다. 기획자는 단순히 보고서를 읽는 것이 아닌 현장에서 고객의 행동을 직접 보고, 듣고, 느끼는 과정이 필요합니다. **기획자는 사람을 읽는 사람**이어야 합니다.

기획력 - 아이디어를 현실로, 성공을 설계하다

발행일　2025년 4월 11일
초판 1쇄　2025년 4월 18일

저자　정일석
ISBN　979-11-93697-69-6 (03810)
펴낸이　이창현
디자인　비파디자인
펴낸곳　고유
출판사 등록　2022.12.12 (제2022-000324호)
주소　서울특별시 마포구 와우산로3길 29 2층
전화　070-8065-1541
이메일　goyoopub@naver.com

www.goyoopub.com

ⓒ 정일석 2025

본 책은 저작자의 지적 재산으로서 무단 전재와 복제를 금합니다.